김종해 · 김종철 형제시집

어머니,
우리 어머니

어머니, 우리 어머니

시집 첫 머 리 에

'어머니 만세'

우리는 어머니를 사랑합니다.

어머니는 우리가 밤에 덮고 자는 이불보다 더 큰 하늘과 같습니다.

우리는 제각기 어머니가 주신 하늘을 덮고 잠을 자고 꿈을 꾸고 자랐습니다

초등학교 때 선생님이 이 세상에서 가장 존경하는 인물 한 사람을 쓰라고 했을 때, 다른 아이들은 '이순신 장군', '세종대왕', '을지문덕' 이라고 썼지만 우리는 '어머니' 라고 썼습니다.

어머니, 우리 어머니– 부산시 초장동 3가 75번지에서 우리가 자랄 때 어머니는 삯바느질을 했었고, 충무동 시장에서 떡장수, 술장수, 국수장사를 하셨습니다. 우리는 어머니가 하시는 그 많은 일 가운데, 물지게로 물을 길어 나르고, 절구통의 떡을 치고, 맷돌을 돌리고, 콩나물에 물을 주고, 군불을 지펴서 고두밥을 찌는 일

을 거들었습니다.

막걸리 밀주를 빚다가 밀주 단속반원에 걸려서 실랑이 끝에 곡괭이로 구들장 밑에 숨겨둔 술독을 펑펑 깨뜨리며 우시던 어머니, 우리 어머니—

어머니는 언제나 우리들의 하늘입니다.

우리는 어머니를 사랑합니다.

부끄러운 시, 하찮은 몇 편의 시로 오늘 어머니의 하늘 한귀퉁이를 가리는 우리의 어리석음을 용서하십시오.

우리는 어머니를 사랑합니다.

우리는 오늘 뒤늦게 속으로 외칩니다. '어머니 만세.'

김종해

시집 첫머리에

어머니, 가난도 축복입니다

이 시집은 어머니를 위한 진혼곡이자 어머니 예찬입니다.
이 작은 시집은 세상의 모든 어머니에게 바치는 기도입니다.

우리 어머니는 슬하에 사남매를 두셨습니다.
그 사남매 가운데 막내로 태어난 나는 보릿고개, 춘궁,
흉년이라는 말이 예사롭게 쓰이던 시대에 그 시대를 아프게 컸습니다.
한끼 굶고 냉수 한 사발 쭉 들이키며 허기를 채우는 것이
조금도 부끄럽지 않은 시대에
푸른 하늘만을 바라보며 성장한 것이지요.
그 가난은 진실로 축복이었습니다.
이 시집은 그 시절의 투명한 눈물과 마음을 모아,

당신께서 떠난지 15주기 되는 어머니날을 맞아 펴냅니다.
요즘도 잘 익은 과일이나 별미를 먹을 때
문득 문득 어머니가 생각납니다.
생전에 저지른 불효가 어떠했으면
이처럼 뒤늦은 깨달음에 마음 아파하겠습니까?
아직도 청개구리처럼 저는 울고 있습니다.
열 손가락 깨물어 아프지 않은 손가락이 없다고
당신의 자식 사랑 말씀하시던 때가 엊그제 같은데,
오늘은 열 손가락중 하나였던,
그 잇자국이 선명한 사랑 하나가 정말 보고 싶습니다.

김종철

차 례

김종해 시편

사모곡 ——— 13
어머니와 설날 ——— 16
가 족 ——— 18
부산에서 ——— 22
별똥별 ——— 24
시루떡 ——— 26
손빨래 ——— 30
어머니의 맷돌 ——— 32
항해일지 · 22 ——— 36
어머니의 아침 · 1 ——— 38
어머니의 아침 · 2 ——— 42
마지막 항해 ——— 46
가족 모임 ——— 50
찔레꽃 · 2 ——— 52
그녀의 우편번호 ——— 54
섬 하나 ——— 58
어머니의 날개 ——— 60
제삿날 ——— 64
개동백 꽃잎으로 피다가 ——— 68
항해일지 · 26 ——— 72

시해설 | 김재홍 (경희대교수 · 문학평론가)

김종철 시편

청개구리 —— 77
종이배 타고 —— 80
엄마 엄마 엄마 —— 82
조선간장 —— 84
사모곡 —— 88
만나는 법 —— 90
닭이 울 때 —— 94
소녀경처럼 —— 98
길 —— 100
옥수수밭 너머 —— 102
죽음의 둔주곡 三曲 —— 106
죽음의 둔주곡 八曲 —— 110
내 잠의 눈썹에 —— 114
해뜨는 곳에서 해지는 곳까지 —— 116
금요일 아침 —— 120
어머니가 없다 —— 122
간밤 꿈속에서 —— 124
꿈 —— 128
목련지는 날 —— 130
죽은 산에 관한 산문 —— 132

작품해설 | 장경렬 (서울대교수 · 문학평론가)

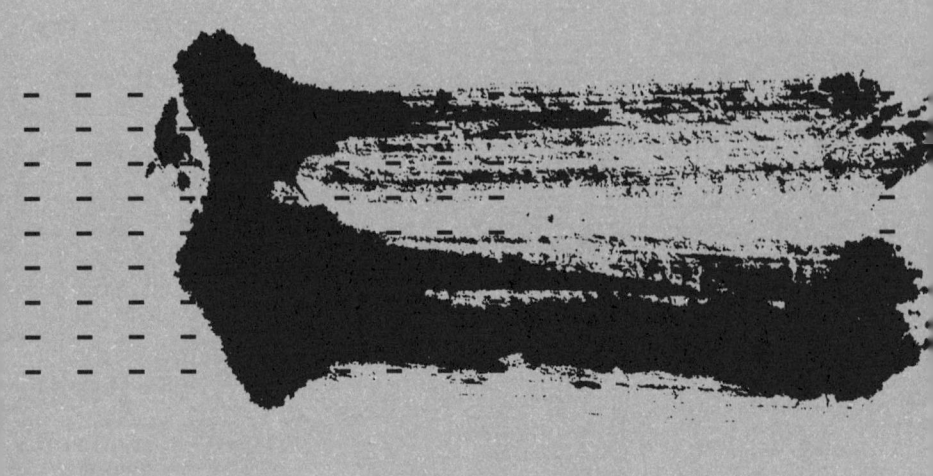

김종해시편

사모곡

이제 나의 별로 돌아가야 할 시각이
얼마 남아 있지 않다

지상에서 만난 사람 가운데
가장 아름다운 여인은
어머니라는 이름을 갖고 있다

나의 별로 돌아가기 전에
내가 마지막으로 부르고 싶은 이름
어·머·니

어머니 사랑은 생명 사랑, 평화 사랑

어머니 사랑은 고향 사랑이고, 나라 사랑이고, 겨레 사랑이고, 인류 사랑의 마음입니다.
아니 아니 그것은 생명에 대한 가없는 사랑이자 평화에 대한 갈망입니다.
"지상에서 만난 가장 아름다운 사람"의 인연이고 "마지막으로 부르고 싶은 최후의 이름"인 것입니다.

어머니와 설날

우리의 설날은 어머니가 빚어 주셨다
밤새도록 자지 않고
눈오는 소리를 흰떡으로 빚으시는
어머니 곁에서
나는 애기까치가 되어 날아올랐다
빨간 화롯불 가에서
내 꿈은 달아오르고
밖에선 그해의 가장 아름다운 눈이 내렸다
매화꽃이 눈 속에서 날리는
어머니의 나라
어머니가 이고 오신 하늘 한 자락에
누이는 동백꽃 수를 놓았다.
섣달 그믐날 어머니의 도마 위에
산은 내려와서 산나물로 엎드리고
바다는 올라와서 비늘을 털었다
어머니가 밤새도록 빚어놓은
새해 아침 하늘 위에

내가 날린 방패연이 날아오르고
어머니는 햇살로
내 연실을 끌어올려 주셨다

새해 설날 맑은 동심과 밝은 희망

"엄마, 몇 밤 자면 설날이야?" 손꼽아 기다리던 설날의 즐거움과 기쁨은 모두 어머니가 만들어 주십니다.

새해 설날은 언제나 "눈오는 소리를 흰 떡으로 빚으시는" 어머니 모습으로 시작되지요. 그것은 '눈/흰 떡' 과 '빨간 화롯불/매화꽃/동백꽃' 이 불러일으키는 흰빛과 붉은빛의 선명한 대조, 즉 생명감각과 생명의식의 일렁임으로 비롯되는 생명에의 꿈이고 믿음이고 소망인 것입니다.

하늘과 방패연이 불러일으키는 맑은 동심의 세계이자 밝은 희망의 노래라는 말씀이지요.

가 족

천마산 눈썹 아래
초장동 산비탈이 있고
천마산 코딱지 같은 우리집이 있고
충무동 푸른 바다가 있고
새벽별을 보며 생선도가로 내려가는
이모집이 있고
바람이 불지 않아도 소리치는
외삼촌집이 있다
이른 새벽부터 우리집에 와서
해장술에 취한 천마산은
어머니에게 술국을 더 달라 한다
아버지와 형은 말없이
절구에 떡을 치고
누나와 나는 맷돌을 돌린다
콩나물시루에 물 주는 아우가
손을 놓을 때쯤
누더기 같은 우리의 희망이
빨랫줄에 펄럭일 때쯤

천마산은 바람과 안개를 거느리고
넌지시 산을 오른다

고달픈 가족사와 어머니의 힘

생각해보면 1940-50년대 우리 사회는 가난했고, 그러기에 가족 모두가 무언가 노동을 해야 했지요. 그만큼 언제나 결핍과 상처 속에서 부대끼며 서로 위안하며 살아갈 수밖에 없었습니다. 아니 그러기에 가족간의 정이 오히려 도타웠고 깊어갈 수밖에 없었던 것도 사실일 겁니다.

부산 천마산 아래 초장동 산비탈에 옹기종기 모여 있는 '이모집'과 '외삼촌집'과 천마산 코딱지 같은 '우리집'이 보입니다. 누더기 같은 우리의 희망을 빨랫줄에 펄럭이며 고달픈 삶의 산비탈을 오르기에 여념이 없었다는 말씀입니다.

어머니는 바로 그 시절 우리 모두에게 현실적인 힘이고 위안이자 희망의 상징으로 언제나 빛나고 있었던 것이지요.

어머니는 언제나 우리들의 하늘입니다.
우리는 어머니를 사랑합니다.
부끄러운 시, 하찮은 몇 편의 시로
오늘 어머니의 하늘 한귀퉁이를 가리는
우리의 어리석음을 용서하십시오.
우리는 어머니를 사랑합니다.
우리는 오늘 뒤늦게 속으로 외칩니다.
 '어머니 만세.'

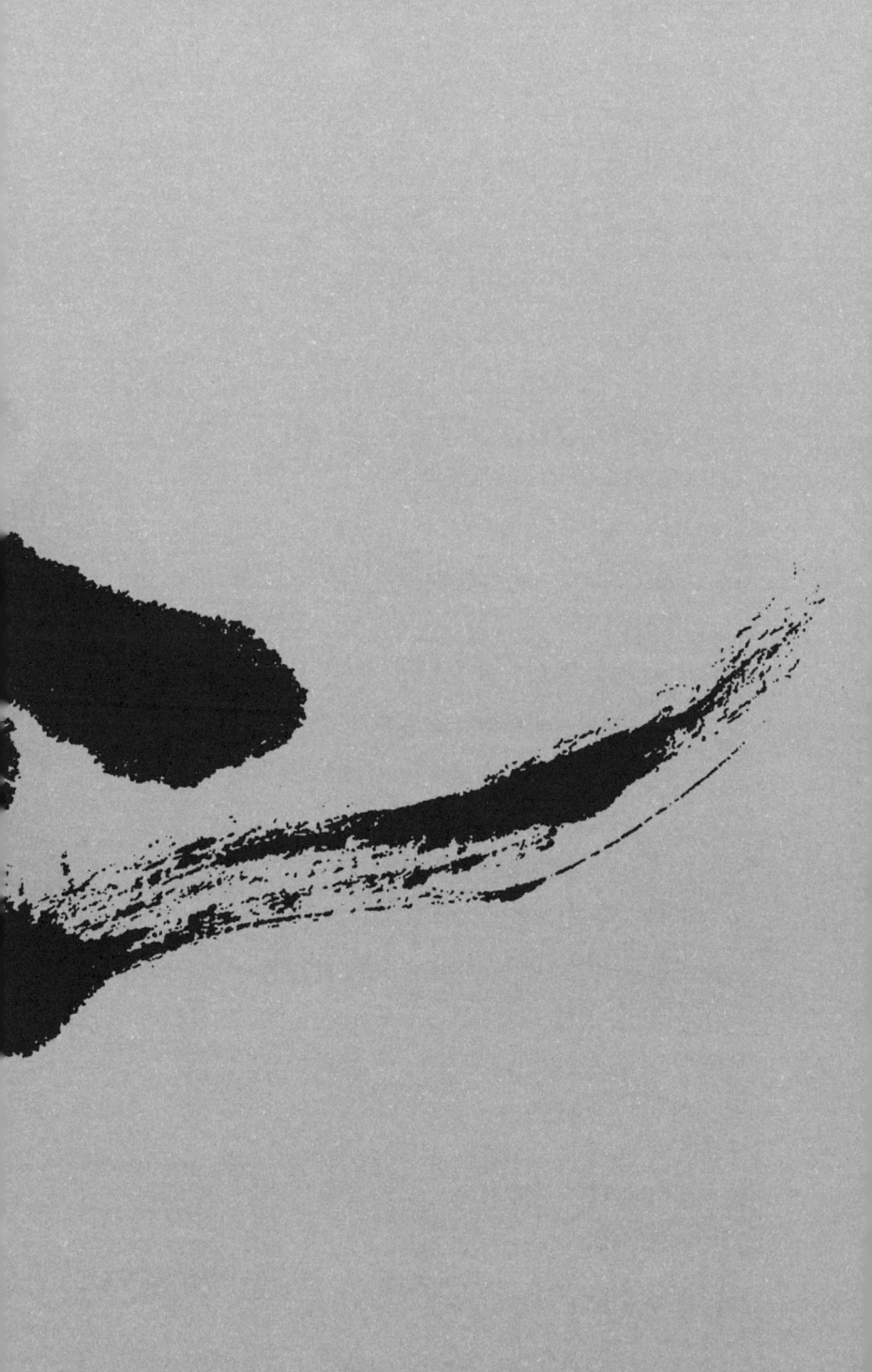

부산에서

어머니는 앞에 서고
나는 뒤에서 리어커를 밀었다
가을은 한 마리 새처럼 멀리 날아가고
겨울이 가랑잎처럼 발밑에서 굴렀다
우리 시대의 희망, 우리 시대의 행복
누가 별이라도 되어 떠오르는 날
나는 어머니가 피운 빨간 숯불 위에
숯을 더 얹었다
아직은 새벽이며
아직은 그리움이 남아 있는 날
막벌이꾼들이 날아와
잠시 깃을 치는 부둣가에서
어머니는 술국을 끓이고
나는 먼 바다 위로 떨어지는
새벽 별똥을 주웠다
유리창도 없는 난장에서
어머니는 앞에 서고
나는 뒤에서 리어커를 밀었다

시 해설

어머니는 생명의 등불, 삶의 거울

　어린 자식들에게 어머니만큼 구체적인 생명의 현주소 또는 삶의 현장이 따로 있을 수 있겠습니까?
　고달픈 삶의 리어카를 끌고 가던 어머니, 부둣가에서 막벌이꾼들이 먹을 술국을 끓이고 있던 어머니의 모습은 한평생 자식들에게 있어 삶의 거울이자 등불로 빛나기 마련이겠지요.
　리어카를 뒤에서 밀고 있는 아들, 숯불을 피우고 있는 아들, 새벽 별똥을 줍고 있는 아들이 눈에 보입니다.

별똥별

공구가 죽은 얼마 뒤
청산가리를 먹고 구짱이 죽고
우리들의 대장 만출이 녀석도
세상을 떴다
우리는 그 녀석들이 사라진 하늘에
방패연을 띄웠다
천마산은 곤충들을 보내어
우리를 위로하였으나
초또패의 잔당인 우리는
풀이 죽었고
곡정패는 더 이상 공격해 오지 않았다
유난히 달 밝은 날 밤에는
구짱의 하모니카 소리가
대나무숲에서 우리를 불렀고
그런 날 밤이면
나는 똥을 누고 싶었다
가위에 눌린 채 어머니를 깨우고

옥수수밭에 쪼그리고 앉으면
녀석들은 별똥별로 나타나
긴 옥수수 잎사귀로 내 등을 찔렀다
똥은 나오지 않고
앉은 채로 걸음을 옮기면
녀석들은 또 별똥별로 따라왔다가
멀리 구덕산 쪽으로 차르르 흘렀다

어머니는 밤하늘 마음의 별빛

　　한밤에 잠이 깨어 옥수수밭에서 밤똥을 누는 아이 곁에 어머니가 지키고 서 계시는군요. 그리고 아이는 똥누면서 앉은 채로 걸음을 옮기는군요.
　　어머니가 계셔서 무섭지 않은 밤, 별똥별이 흐릅니다.
　　우리 마음속에 한평생 꺼지지 않는 불빛은 과연 어떤 게 있을까요?

시루떡

어머니가 장작에 불을 지피시고
가마솥에 물이 끓어오를 동안
우리집 방구들은 달아오른다
우리집의 춘하추동이 떡시루에 담긴다
한켜 한켜 쌀가루를 뿌리고
한켜 한켜 팥고물을 뿌리는
어머니의 떡시루에
우리집 온 식구의 체중이 담긴다
어머니가 혼자 머리에 이신다
떡이 설지 않도록
가마솥과 시루 사이를
밀가루 반죽으로 바르시는
어머니의 춘하추동

오늘은 눈이 오는데
그날의 쌀가루 같은 흰눈이
집집마다 켜켜이 쌓이는데
빨간 망개 열매가
어머니의 흰 떡시루에
팥고물로 얹히는 겨울 한낮,
눈은 와서 켜켜이 쌓이는데
그날의 쌀가루 같은
눈은 녹아서
눈물이 되나

'쌀가루/흰 눈/눈물'의 시학

우리의 어린 날 유소년 시절은 무엇보다도 배고픔 길들이기, 즉 먹이체험에 집중돼 있지요.

시루떡은 바로 그 배고픔으로서 먹이체험의 상관물인 것입니다. 어미는 먹이, 즉 목숨의 표상이고 눈물나는 삶의 상징인 것이지요.

'우리집 온 식구'를 먹여살릴 시루떡을 어머니가 만들고 계시네요.

"오늘은 눈이 오는데/그날의 쌀가루 같은 흰 눈이 켜켜이 쌓이는데"와 같이 자연현상도 먹이체험과 연관되는 것입니다.

'쌀가루/흰 눈/눈물'의 상관속이 바로 그것이지요.

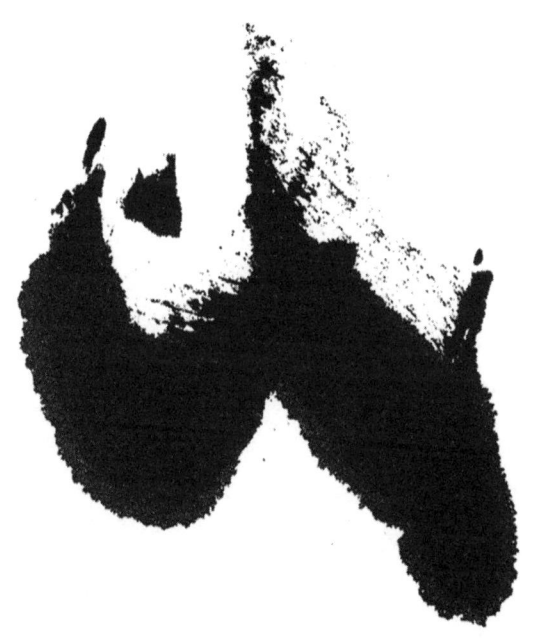

손빨래

대티고개 너머
아버지는 지게 위에 구덕산을 지고 오시고
감천에서 빨래하시는 어머니 곁에서
나는 관솔가지를 모아 불을 놓았다
우리집 마당에는 언제나
아버지가 지고 오신 구덕산이
나뭇단 속에 쌓여 있고
어머니가 널어놓은 빨래들이
목거지의 깃발처럼 펄럭였다

아아, 동화 같은 세월이
마흔다섯 굽이 지난 오늘
아버지는 도벌꾼,
어머니는 환경오염 범법자다

다시 한번 꿈을 꿀 수 있다면,
나도 그곳으로 가서
아버지가 벗어놓은 지게를 지고 싶다
어머니의 강물이 흐르는 감천으로 가서
사분을 풀며 손빨래를 하고 싶다.

혈육애, 그리움과 슬픔

삶은 바로 육친에의 그리움이고, 희망이자 꿈이라고 하겠지요.
　지게 위에 구덕산을 지고 오시던 아버지, 감천에서 빨래하시던 어머니.
　그 가신 님에 대한 형언할 수 없는 그리움, 그것은 바로 살아남은 자식의 아픔이고 슬픔이라 하겠지요.
　시인은 꿈 같고 동화 같은 세월, 아름다운 유년시절을 그리워하고 있습니다.

어머니의 맷돌

맷돌을 돌린다
숟가락으로 흘려넣는 물녹두
우리 전가족이 무게를 얹고 힘주어 돌린다
어머니의 녹두, 형의 녹두, 누나의 녹두, 동생의 녹두
눈물처럼 흘러내리는 녹두물이
빈대떡이 되기까지
우리는 맷돌을 돌린다
충무동 시장에서 밤늦게 돌아온
어머니의 남폿불이 졸기 전까지
우리는 켜켜이 내리는 흰 녹두물을
양푼으로 받아내야 한다
우리들의 허기를 채우는 것은 오직
어머니의 맷돌일 뿐
어머니는 밤낮으로 울타리로 서서
우리들의 슬픔을 막고
북풍을 막는다
녹두껍질을 보면서 비로소 깨친다
어머니의 맷돌에서

지금도 켜켜이 흐르고 있는 것
물녹두 같은 것
아아, 그것이 사랑이었음을!

어머니는 시의 운명

시란 과연 무엇인가요? 그것은 삶을 노래하는 일이라 하겠지요. 삶의 어려움과 아픔, 슬픔 그리고 외로움과 그리움을 노래하면서 그 속에서 어둠을 어둠대로 쓰면서 새 빛을 찾아내는 일이라 하겠지요.

시가 삶이기에 시가 어머니를 노래하는 것은 시의 운명입니다.

어머니는 먹고 사는 일의 상징이기 때문이지요. "우리들의 허기를 채우는 것은 오직/어머니의 맷돌일 뿐//어머니의 맷돌에서/지금도 켜켜이 흐르고 있는 것/물녹두 같은 것/아아, 그것이 사랑이었음을!"과 같이 어머니는 삶과 시를 맺어주는 사랑의 매개 고리이고 시의 영원한 운명인 것이지요.

항해일지 · 22
──구짱의 하모니카

    우리들의대장만출이가청산가리를먹고멀고먼곳으로사라진 얼마뒤, 연초밀조업자복상의아들은우리집나무판자울타리에 와서하모니카를신나게불었다. 그날밤그녀석도만출이의사주 를받고이지상을몰래떴다. 우리집마룻장밑에숨겨팔던밀주가 단속반원에게들켰을때제일신나는놈은그녀석구짱이었다. 밀 주단속반원의양복자락에매달려울던젊은어머니가밀주항아리 들을하나하나곡괭이로깨뜨려부쉈을때쏟아지던허연밀주는우 리어머니의가슴에감춘젖이었다. 한이었다. 나는그때어머니의 젖을두되가량마시고언덕위옥수수밭속에숨어서목놓아울었다. 우리들의뿌리초장동비알도그때어머니의젖을마시고두달동안 술에취하여비틀거렸고, 달밝은밤에는죽은구짱까지와서하모 니카를신나게불어제꼈다.
    사람들의말과자유마저얼어붙은바다, 부르튼내손이이겨울 도시사이로노를젓고가면서 (세종로에서밧줄이풀어져잠시닻을내 리고그날의어머니젖같은낮술을마셨음.) 문득나는구짱네놈의하모 니카를한번불고싶었다. 봄이언제다시올지도모를이겨울도시 에무슨일이있어서라기보다……

어머니의 가슴에 감춘 젖

바다가 아니라 지상을 항해하는 이 시인의 기록, 항해일지에는 어머니의 젖 같은 낮술을 마신 것으로 기록되어 있습니다. 막걸리 밀주 말입니다. 밀주 단속반원의 양복자락에 매달려 울던 어머니의 모습은 이 시인의 한恨으로 찍혀 있습니다.

유년시절에 죽은 구짱이라는 소년의 하모니카 소리까지 음산하게 울리는 이 겨울 도시에서 이 시인은 봄을 기다리고 있습니다.

어머니의 아침 · 1

아침은 우리 집 채소밭에서 가장 먼저 빛난다
새벽 이슬에 이마를 씻는 어린 채소밭의 기지개를
어머니는 정성들여 다듬는다
채소밭에서 번쩍이는 신선한 그 아침을 어머니는 광주리에 따서 담는다
누구인가 날마다 보내 주는 이 아침을 어머니는 말씀하지 않으신다
인간의 언어를 깨치지 못하는 나의 어머니는
새벽 우물을 길어올리는 천사들의 청징한 언어를 묵묵히 깨친다
새벽별들이 가는 곳을 깨치고
맑고 건강한 아침이 어린 채소밭의 잎사귀에서 돋는 것을 깨치고
어머니와 함께 일어난 열두 마리의 병아리의 배고픔을 깨친다
어머니가 기르는 두 마리의 개들도 목자를 안다
뜰 안의 라일락도 줄장미 덩굴도 어머니의 질서 안에서 비로소 눈을 뜬다
그러나 아들이 갖는 침묵과 악몽을 어머니는 말씀하지 않으신다
맑고 빛나는 이 아침을 어머니는 묵묵히 광주리에 따서 날마다 아들집 정문으로 가지고 오실 뿐이다

깊은 밤 어둠 속에서 돌아온 아들의 무너진 시간을, 고뇌를
새로운 부활과 신념으로 갈아끼워 주는 어머니의 아침,
이 맑고 빛나는 공기 속에
어머니는 잎사귀에 구르는 채소밭의 아침 햇살을 묵묵히 가꾸
신다

어머니는 언제나 아침이고 한낮이고 밤이다

어머니는 우리에게 생명의 샘물을 처음 길어다 주셨지요.
그러기에 어머니는 언제나 자식에게 새 아침입니다.
어머니는 언제나 우리에게 삶을 이끌어가는 현실적인 힘이 되어 주셨지요.
그러기에 어머니는 현실, 즉 항상 한낮입니다.
어머니는 언젠가 우리가 돌아가야 할 고향이지요.
그러기에 어머니는 깊이 모를 밤, 영원한 밤일 수밖에요.
어머니는 농부입니다. 아침을 가꾸고 봄을 가꾸고 사랑을 가꾸는 농부입니다.

어머니의 아침 · 2

조간 신문과 함께 새날이 날마다 현관으로 배달된다
우유협동조합에서 배달된 두 병의 우유와 금빛의 공기,
맑고 빛나는 이 아침을
어머니는 호박 잎사귀에 따서
제일 먼저 채소밭에서 가지고 오신다
열린 창문으로 어머니의 빛나는 아침이
채소밭에서 번쩍이는 것이 보인다
호미 끝에 일어서는 신선한 이른 아침,
어머니는 호박 줄기의 호박순에 달아서 자아올린다
오오, 세상의 시든 줄기에 매달린 아들의 캄캄한 밤을
그 괴로운 칠흑의 싸움을 어머니는 아신다
아들이 곡괭이로 찍어내는
이 끈적끈적하고 암울한 시대를,
아들을 괴롭히는 이 불의와 부도덕의 손들을
어머니는 아신다
한 장의 연한 사랑의 말씀으로 부벼진 어머니의 어린 풀잎
그 풀잎에 오늘 아침

세상을 덮고 어둠을 덮고 절망을 덮는
맑은 바람이 돋는다

무한 용서와 절대 사랑

엄마, 어머니는 어린 자식에게 신(神)입니다. 생명을 주신 분이고, 삶의 온갖 고통과 절망을 이겨 나아가게 하는 분이기 때문입니다.

그러기에 어머니는 영원한 사랑입니다. "오오, 세상의 시든 줄기에 매달린 아들의 캄캄한 밤을/그 괴로운 칠흑의 싸움을 아신다" 처럼 자식의 온갖 아픔과 슬픔, 고통과 절망을 이해하고 껴안아주시는 분이기 때문입니다.

아울러 어머니는 용서이고 구원입니다. "한 장의 연한 사랑의 말씀으로 부벼진 어머니의 어린 풀잎/그 풀잎에 오늘 아침/세상을 덮고 어둠을 덮고 절망을 덮는/맑은 바람이 돈는다"와 같이 끝없는 용서이고 구원의 상징인 것입니다.

신(神)과 같은 자리에 어머니가 계십니다.

마지막 항해
―어머니를 여의고

바람부는 날
우리는 배를 끌어내었다
우리는 어머니와 헤어지기 위해
바다로 나갔다
어머니가 하늘로 오르기 전에
지상에 던진 하얀 손수건
바다의 물결은
하얀 손수건을 한 장씩 흔들었다
흐르는 파도 속에서
우리는 얼굴을 닦지 않기로 했다
눈물도 소금이 되고
바다도 소금이 된다는 걸
비로소 깨쳤다
태종대가 보이는 작은 섬 위에
어머니를 보내드렸다
유골함을 풀자
어머니의 한 생애가 눈꽃처럼 날렸다

―어머니 안녕
―어머니 안녕
우리는 그날 아무도 노를 젓지 않았다

어머니는 재생과 부활의 새로운 모티브

　한 해는, 새봄이 오고, 여름이 무성하면 가을이 오고, 이윽고 겨울이 오기 마련입니다. 대자연이 그러하듯이 우리네 인생도 탄생과 성장, 노쇠 그리고 마침내 죽음이 찾아오는 것입니다.
　봄, 여름, 가을, 겨울은 예술 작품에서 기·승·전·결이고 인생사에서 생·노·병·사로 대응되는 것이지요.
　그러기에 삶은 언젠가는 끝나기 마련인 것, 죽음이란, 더구나 어머니의 죽음이란 자식들에겐 고아가 되는 것, 비로소 이 세상에 완벽한 혼자가 되는 일이지요. 그래서 우리는 어머니의 죽음을 통해서 거듭 태어나는 겁니다.
　연작시 「항해일지」에서 어머니를 여의고 쓴 「마지막 항해」가 연작시의 끝이 되고 말았네요. 태종대가 보이는 작은 섬 위에 어머니를 내려드렸군요. "우리는 그날 아무도 노를 젓지 않았다"고 기록하고 있습니다.

가족 모임

우리는 섬으로 가야 한다
부산에 와보면 알 수 있는 바와 마찬가지로
섬으로 떠 있는 어머니.
흰 파도가 어머니의 앞가슴에 레이스로 달려 있고
어머니가 거느리는 바다
바람 없는 날에도
당신이 날린 물새들이
살아가는 일 속에 지친 우리들 돛대 위에
깃발로 펄럭인다
잊지 마라, 우리들의 희디흰 슬픔
아버지인 천마산*이 밤마다 바다로
한 뼘씩 하산하고 있는 바와 마찬가지로
우리 가족인 부산아,
칠월이면 우리 또한 섬으로 가야 한다

*천마산 : 부산의 서구에 해변을 끼고 있는 산.

어머니도 외로운 하나의 섬

우리는 누구나 혼자서 이 세상에 태어납니다. 모든 사람이 단독자로서 홀로의 운명을 안고 태어나는 운명의 존재라는 말씀이지요.

그러나 우리는 세상을 더불어 살아갑니다. 부모형제와 가족친척, 이웃과 한겨레가 공동체 사회를 이루고 나아가서 인간 가족, 인류 사회를 만드는 겁니다.

그러나 역시 이 세상 떠날 때는 혼자 가는 것이지요. 혼자 태어나 더불어 살아가다가, 마침내 혼자 떠나가야 하는 우리 모두는 각자가 하나의 섬인 것입니다. 서로서로가 무명바다에 떠도는 섬이라는 말씀입니다. 부산이 이 시인의 가족이라면 천마산도, 바다도, 섬도 이 시인의 가족입니다.

찔레꽃 · 2
—별들도 궁녀처럼

오월의 며칠은 늦잠을 잘 수 없다
어머니가 이고 오신
달빛 열두 필
한 뜸 한 뜸 오려내어
찔레덤불 위에 부려지면
찔레꽃 향기 천지에 가득하다

오월의 며칠
노란 꽃술 흰 드레스로
새벽같이 어머니는 오시고
별들도 궁녀처럼 가만가만 뒤따른다

찔레꽃 향기로 다가오는 어머니

　해마다 오월이면 새삼 떠오르는 그 이름, 사랑하는 사람을 여읜 사람들에겐 사무치게 그리운 이름으로 다가오는 그분, 엄마, 어머니, 어머님…….
　어머니에게도 꽃시절이 있으셨지요. 찔레꽃 향기로 다가오던 어머니, 새벽 별빛으로 초롱초롱 빛나오던 어머니, 엄마, 어머니, 어머님은 우리 생명의 머나먼 시원이고 언젠가는 돌아갈 그리운 고향이지요.
　오월, 오늘은 어머니날, 제 무딘 가슴, 녹슨 마음에도 가신 어머니는 이슬꽃으로 반짝 피었다 스러져가는 절망인 희망이고, 희망인 절망입니다.

그녀의 우편번호

오늘 아침 내가 띄운 봉함엽서에는
손으로 박아 쓴 당신의 주소
당신의 하늘 끝자락에 우편번호가 적혀 있다
길 없어도 그리움 찾아가는
내 사랑의 우편번호
소인이 마르지 않은 하늘 끝자락을 물고
새가 날고 있다
새야, 지워진 길 위에
길을 내며 가는 새야
간밤에 혀끝에 굴리던 간절한 말
그립다, 보고 싶다,
뒤척이던 한마디 말
오늘 아침 내가 띄운 겉봉의 주소
바람 불고 눈 날리는 그 하늘가에
당신의 우편번호가 적혀 있다

*

나는 오늘도 편지를 쓴다
세상에서 가장 아름다운 여인의 이름
수신인의 이름을 또렷이 쓴다
어 · 머 · 니

      *

새야,
하늘의 이편과 저편을 잇는 새야
사람과 사람 사이
그 막힌 하늘길 위에
오작교를 놓는 새야
오늘밤 나는 그녀의 답신을 받았다
흰 치마 흰 고무신을 신으시고
보름달로 찾아오신
그녀의 달빛 편지
나는 그녀의 우편번호를
잊은 적이 없다

어머님의 우편번호 또는 운명이라는 이름으로

우리는 한평생 여러 가지 님을 만나고 갑니다. 연인이 대표적인 그 예가 될 것이고, 부모형제나 친구, 친척, 조국이나 신앙의 대상도 님이 될 것이 분명합니다.

그러나 영원한 님은 과연 누구겠습니까? 아마도 그것은 바로 어머니가 아닌가 합니다. 연인도 아내도 친구도 헤어지면 그뿐이지만, 어머니는 우리가 살아 있는 한 떠날 수도, 버릴 수도, 잊을 수도 없는 운명의 존재이기 때문입니다.

"나는 오늘도 편지를 쓴다/세상에서 가장 아름다운 여인의 이름/수신인의 이름을 또렷이 쓴다/어 · 머 · 니"라는 구절 속에는 어머니가 님의 모습 또는 운명의 또다른 이름이라는 점을 말해주는 것이지요.

섬 하나

어머니가 이고 오신 섬 하나
슬픔 때문에
안개가 잦은 내 뱃길 위에
어머니가 부려놓은 섬 하나
오늘은 벼랑 끝에
노란 원추리꽃으로 매달려 있다
우리집 눈썹 밑에 매달려 있다
서투른 물질 속에 날은 저무는데
어머니가 빌려주신 남빛 바다
이젠 저 섬으로 내가 가야 할 때다

어머니는 한평생 떠돌던 섬 하나

   어머니가 이고 오신 섬은 어머니의 외롭고 쓸쓸한 삶, 고달프기만 하던 어머니의 한 생애를 표상하는 듯싶습니다.
   인간의 바다, 그 어둠의 바다 위에 한 점 섬으로 태어나 떠돌다가 끝내 한 줌 재가 되어 다시 망망대해를 떠도는 한 점 섬인 것이지요.
   섬을 머리에 이고, 바다를 당신 뜻대로 빌려주실 수 있는 분은 신(神)이십니다. 어머니, 당신은 절대자이십니다.

어머니의 날개

부산에서 한 이틀
동백꽃이 지고 있는
남쪽 섬을 향하여 날아올랐다
물새들이 와서 거들어 주었다
어머니가 사는 대신동 산복도로
당신은 바느질로 여전히
바다의 한 끝을 꿰매고
젊고 튼튼한 한 올의 실이
한 장의 날개가 다 될 동안
나는 숨죽이며
어머니의 일을 지켜보았다
남빛 별은 떠올라
어머니의 물길 위에 빛나고
아들의 슬픔과 한(恨)이
빨간 동백꽃으로 피든가 말든가
어머니는 잔(盞) 속의 수평선을 걸었다
그때 바다 위로 번쩍

커다란 날개가 펼쳐지고
부산에서 한 이틀
나는 어머니의 섬 위로 날아올랐다

아, 어머니, 거대한 땅 영원한 대륙이여

아, 어머니, 인간의 바다 위에 떠돌던 외로운 섬 하나여.
 어머니, 어머니여, 어린 날개 새떼들 땅을 박차고 하늘로 날아오르게 하던 어머니, 영원한 대지여, 거대한 대륙이여.
 지상을 떠날 준비를 하는 어머니의 모습을 봅니다. 바다의 한끝을 꿰매고, 하늘로 날아오를 한 장의 날개를 만들고 있는 어머니의 섬 주위로 아들이 물새처럼 날고 있네요.

제삿날

자정이 가까워 오자
아버지가 만든 젊은 천마산을
어머니가 이고 내려오셨다
우리는 촛불을 밝혔다
하늘에 오를 준비를 하시는 어머니,
어머니의 황혼이 보였다
어머니를 위해
이젠 날개를 더 달랄 수도 없다
천마산은 안개를 풀어 몸을 가렸다
안개와 숲을 헤치며
보이지 않는 산을 오른다
서른다섯 해가 지난
아버지 당신의 산을 오른다
시간을 거슬러오르며
우리는 저마다 잡초 속에 길을 잃었다
고혈압과 당뇨와 외로움이
어머니의 산길 도처에서 발길에 채였다

아버지 당신의 제상 위에
불효자의 회한이 독한 향불로 번지고
촛불로 깜박거리고
우리는 다시 산길을 내려온다
자정이 가까와 오자
안개는 걷히고 천마산은 흔적을 지웠다

생과 사, 이승과 저승이 만나는 시간

제삿날에는 온 가족들이 각자의 등불을 들고 다 모여들기 마련이지요. 헤어져 있던 형제·자매·일가친척·손자·손녀들까지도 모두모두 모이는 날이지요.

무엇보다 제삿날에는 죽은 사람과 산 사람이 만나고 이승과 저승의 시간이 함께 하는 소중한 시간이지요.

그래서 태초의 그 시간, 가장 원초적인 피붙이의 시간으로 회귀해서 함께 정을 나누고 음식을 함께 먹는 생과 사의 화안한 잔칫날인 것입니다.

35주기 아버지의 제삿날. 아버지인 천마산을 이고 내려오는 어머니의 모습이 눈에 보이는 듯합니다.

개동백 꽃잎으로 피다가

시인의 모꼬지, 시의 잔칫날에
시인 형제는 고향으로 간다
어머니가 누워 계신
대신동 위생병원 625호실
어머니가 날린 철새 두 마리가
기우뚱 기우뚱 남쪽으로 가고 있다
11월의 첫째 주일
우리들 마음에 단풍이 내리고
차창에 우수의 빗방울이 맺힌다
대신동 위생병원 625호실
날개를 접고 우리는
어머니의 마른 고목 위에 앉는다
어머니의 손등, 마른 칡껍질 위에 가서 앉는다
떡장수, 국수장수, 충무동시장 좌판 위에
우리 어린 날의 날개를 기워 주던
어머니의 외로운 바느질
젊은 어머니가 끌고 가는 수제비 리어카를 뒤에서 밀며

우리가 나가 보는 황량한 겨울바다
우리는 50년대의 카바이트 불빛으로 떨면서
어머니 만세, 어머니 만세를 목젖으로 삼킨다
시인 만세, 시의 날에
날개를 접은 두 마리의 새가
자꾸만 헛짚는 어머니의 하늘 위를
떠돌고 떠돌다가
어머니의 먼 섬 어디에
개동백 꽃잎으로 피다가……

시해설

사랑, 녹슬지 않는 불멸의 가치

이런 옛이야기가 하나 전해져 오지요.

사랑하는 젊은 남녀가 있었는데, 처녀는 총각의 마음을 시험하고 확인하기 위해 총각에게 어머니 심장을 가져오라고 했다는 겁니다. 사랑에 미쳐 눈먼 총각은 끝내 어머니 심장을 꺼내 가지고 처녀에게 달려가다가 그만 넘어지고 만 것입니다. 그러자 어머니 심장이 팔딱이면서 "얘야, 아들아, 다치지 않았니, 좀 늦어도 괜찮으니 너무 서두르지 말아라"라고 안타까이 당부했다는 얘기 말입니다.

그렇습니다! 떡장수, 국수장수, 노점상, 삯바느질 등 가족들의 생계를 위해 자식들을 먹이기 위해 손발이 다 닳아버린 어머니의 사랑은 세상의 그 어떤 사랑보다도 높고 영원한 생의 의미이고 보람이며 불멸의 가치인 것입니다.

시인 만세. 시의 날에 시인 형제가 어머니, 당신을 문병 왔는데 어머니, 당신의 등불이 가물가물 꺼져가고 있네요. 시는 어머니를 노래하는 것입니다. 지상에서 끝나지 않는 어머니 만세, 어머니 만만세를 부르는 일입니다.

항해일지 · 26
— 시인의 램프

> 나의 목숨은 이승에 단 램프
> 아직은 어머님이 주신 기름이 남아
> 너를 볼 수가 있다. —조병화

안성 난실리에서
조병화의 램프를 보았다
자운영 풀꽃 숨은 불빛으로
이승을 떠난 그의 어머니가 오시고
램프를 가득가득 채우고 있었다
(무덤 뒤에 숨어서 나는 보았다)
난실리 들판 끝에서
바람으로도 오시고
햇살로도 오셔서
시간의 돌밭을 호미질하고 있었다
조병화의 램프에서 타고 있는
불빛의 8할이
어머니를 밝히고 있었는데
나는 모르는 척하였다

나도 어머니의 땅을 향해 날고 있었으므로
머나먼 남쪽 바다
어머니가 뜨개질해 주신 날개로
기우뚱 기우뚱 날고 있었으므로

어머니가 만들어주신 날개

　안성 난실리에는 시인 조병화의 별장과 서재 〈편운재〉가 있습니다. 이곳에 딸린 넓은 뒷산 후원에는 조병화 시인의 어머니 묘소도 함께 있습니다. 어머니를 사랑하는 조병화 시인의 각별한 효심을 엿볼 수 있습니다. "조병화의 램프에서 타고 있는/불빛의 8할이/어머니를 밝히고 있었는데" 이 시인은 짐짓 모르는 척하고 있습니다.
　그러나 이 시인도 기실 어머니의 땅을 향해 날고 있었다는군요. 자기 어머니가 뜨개질해 주신 날개로 머나먼 남쪽 바다, 어머니를 만나기 위해 날고 있었다는군요.

김종철시편

청개구리

어머니 유해를 먼 바다에 뿌렸다
당신 생전 물 맑고 경치 좋은 곳
산화처로 정해 주길 원했다
그런데 어찌 된 일인가
비 오고 바람 불어 파도 높은 날
이토록 잠 못 이루는 나는 누구인가
저놈은 청개구리 같다고
평소 못마땅해하셨던 어머니가
어째서 나에게만 임종 보여 주시고
마지막 눈물 거두게 하셨는지 모르지만
당신 유언대로 물명산 찾았는데
오늘같이 비만 오면 제 어미 무덤 떠내려간다고
자지러지게 우는 청개구리가
이 밤 내 베개맡에 다 모였으니 이를 어쩌나
한 번만 더, 돼지 발톱 어긋나듯
당신 뜻에 어긋났더라면
비 오고 바람 부는 날
이처럼 청개구리가 되어 울지 않아도 될 것을

그대 어디에서 와서 어디로 갔는가

우리는 어디에서 와서 어디를 가고 있는가요? 또 마침내 어디에 도달할 것인가요?

한마디로 그것을 우리는 육신의 어머니에게서 나와 조국과 민족이라는 큰 어머니를 살아가다가, 더 큰 어머니인 대자연의 품으로 돌아가는 것이라 말해볼 수는 없을 것인가요.
그러기에 육신의 어머니를 여읜다는 것은 육신의 고향을 잃는 것이고, 영혼의 요람을 잃어버리는 일이라고 할 수 있겠습니다.

이 시에서 시인은 육신의 어머니를 지상에서 영원히 떠나보내고 난 뒤의 비탄과 후회를 안타깝게 표출합니다. 살아생전 잘 모시지 못한 데 대한 뼈아픈 탄식과 회한을 "오늘같이 비만 오면 제 어미 무덤 떠내려간다고/ 자지러지게 우는 청개구리가/ 이 밤 내 베개맡에 다 모였으니 이를 어쩌나"라고 노래하고 있는 것이지요.

아, 그러나 이것이 어찌 김 시인의 경우만 그럴 것인가요? 자식된 이들 모두의 뼈아픈 탄식이고 뒤늦은 눈물이 아니겠습니까?

종이배 타고

오늘은 어머니 사십구재다
염불로 어머니 영혼을 불러내고
목욕을 시켜드렸다
저녁 무렵 어머니는 종이배 타고
반야바라밀다 강을 건너갔다
이를 본 적은 없었지만
이를 부인하는 형제는 없었다
보이지 않는 것은 보이지 않는 것끼리
나란히 서 있었다
우리 사남매는 이제야
어머니 한 분씩을 각자 모실 수 있었다

자식은 망망천지 고아가 되어

사람들은 자식을 낳아 길러보면서 철이 들기 시작하고, 부모를 떠나보내고 나서 비로소 사람이 된다고 하던가요?

어머니 49재 영가천도제를 지내면서 시인은 새삼 삶과 죽음의 거리를 절감하고 하나의 독립된 인격체로 거듭 태어나게 되는 모습을 확인하게 됩니다. "우리 사남매는 이제야/어머니 한 분씩을 각자 모실 수 있게 되었다"라는 구절처럼 세상에 홀로 남겨진 고아가 됨으로써 비로소 지상 위에 당당히 혼자 설 수 있게 된다는 뜻입니다.

엄마 엄마 엄마

나는 어머니를 엄마라고 부른다
사십이 넘도록 엄마라고 불러
아내에게 핀잔을 들었지만
어머니는 싫지 않으신 듯 빙그레 웃으셨다
오늘은 어머니 영정을 들여다보며
엄마 엄마 엄마, 엄마 하고 불러 보았다
그래그래, 엄마 하면 밥 주고
엄마 하면 업어 주고 씻겨 주고
아아 엄마 하면
그 부름이 세상에서 가장 짧고
아름다운 기도인 것을!

하늘 그물을 넘어서는 사랑

　노자(老子)가 말했던가요? 지상의 모든 사람은 하늘 그물, 즉 천망(天網)을 벗어날 수 없다고 말입니다. 실상 인간이 어찌 두 손바닥으로 하늘을 가릴 수 있겠는가요.

　그렇지만 세상에서 가장 소중하고 아름다운 관계, 어미와 자식간의 사랑이야말로 하늘도 땅도 다 감동시킬 수 있는 것이 아니겠습니까. 하늘 그물을 뚫고 자유로이 날아갈 수 있다는 뜻입니다.

　"아아, 엄마 하면/그 부름이 세상에서 가장 짧고/아름다운 기도인 것을!"이라는 구절 속에는 세상에서 가장 존귀하고 아름다운 것이 바로 어미와 자식간의 사랑임을 강조하는 뜻이 담겨 있다고 하겠습니다.

조선간장

어머니는 새벽마다
조선간장을 몰래 마셨다
만삭된 배를 쓰다듬으며
하혈을 기다렸다
입 하나 더 느는 가난보다
뱃속 아이 줄이는 편이 수월했다
그러나 아랫배는 나날이 불러 오고
김해 김씨 가마솥에는
설설 물이 끓기 시작했다

그날 누군가 바깥 동정을 살폈다
강보에 싸인 아기는
윗목에서 마냥 울기만 하였고
아랫마을 박씨는 아직 오지 않았다
고추 달린 덕에 쌀 몇 가마니 더 받게 되었다
그러나 핏줄과 인연이 무엇인지
눈치챈 누나는 아기를 놓지 않았다

굶어도 같이 굶고 살아도 같이 살자는
어린 딸이 눈물로 붙들어 매었다
어머니는 젖을 물렸다
어머니 젖에서는 조선간장 냄새가 났다

어머니,
지금도 그 가난이 나를 붙들고 있는 것은
조선간장 때문만이 아닙니다
지금도 그 핏줄이 나를 놓지 않는 것은
눈물 때문만이 아닙니다
그것은 어머니만 아십니다
오늘 당신 영정 앞에서 남몰래 흘리는 눈물이
조선간장보다 더 짜고 고독한 것을!

쇠사슬보다 질긴 핏줄 인연

사람에게 있어 가장 질긴 것이 무엇이겠습니까? 정인가, 사랑인가 아니면 또 다른 그 무엇이겠는가요?

아마도 그것을 혈육의 사슬이고 인연의 고리라고 말할 수 있을 것입니다. 모진 것이 사람의 목숨이지만 그보다 더 모질고 질진 것은 바로 핏줄이라는 인연이기 때문이지요. 얼마나 진저리쳐지는 가난이기에 어미는 그 맵짠 조선간장을 들이마시면서 아기를 떼어버리려고 몸부림쳤겠는가요?

그러나 모자간의 인연은 쇠사슬보다도 더 질긴 것이기에 어린 생명이 끈질기게 살아남을 수 있었던 것, 또한 그러하기에 어미가 가고 난 후 남은 자식에게 있어 사모의 정은 더욱 사무칠 수밖에 없는 것, 그런 것 아니겠습니까?

사모곡

엄마
어머니
어머님
당신을 부르기엔
이제 너무 늙었습니다

엄마 하며 젖을 물고
어머니 하며 나란히 길을 걷고
어머님 하며 무릎 꿇고 잔 올렸던

당신 십주기(十週忌) 제사상에
북어대가리 같은 무자(無字) 하나
눈을 감습니다

허무 또는 운명의 십자가

인간에게 있어 공통된 운명의 형식은 과연 무엇이겠습니까?

그것은 바로 태어나고, 살아가고, 죽어가는 과정에서 절감할 수밖에 없는 '무자(無字)' 화두 바로 그것이 아니겠는가요? 죽음으로서 절대 허무가 바로 엄마, 어머니, 어머님으로서 한 인간이 그 생명 과정에 있어서 지고 가야 할 운명의 십자가이기 때문입니다.

자식이 어려서는 엄마, 자라면서 어머니, 그리고 돌아가셔서 어머님이라는 호칭의 변화 과정은 그만큼 삶의 우여곡절과 인과관계를 반영하는 것이라는 뜻입니다.

만나는 법

어린 시절, 어머니에게 물었습니다
내일은 언제 오나요
하룻밤만 자면 내일이지
다음 날 다시 어머니에게 물었습니다
오늘이 내일인가요?
아니란다 오늘은 오늘이고 내일은
또 하룻밤 더 자야 한단다

고향에서 급한 전갈이 왔습니다
어머니 임종의 이마에
둘러앉아 있는 어제의 것들이 물었습니다
얘야 내일까지 갈 수 있을까?
그럼요 하룻밤만 지나면 내일인 걸요
어제의 것들은 물도 들고 간신히 기운도 차렸습니다
다음 날 어머니의 베갯모에
수실로 뜨인 학 한 마리가 날아오르며 다시 물었습니다
오늘이 내일이지

아니에요 오늘은 오늘이고 내일은
하룻밤을 지내야 해요

이제 더 이상 고향에서 급한 전갈이 오지 않았습니다
우리집에는
어머니는 어제라는 집에
아내는 오늘이라는 집에
딸은 내일이라는 집에 살면서
나와 쉽게 만나는 법을 알고 있기 때문입니다

우리는 모두 시간의 나그네

산다는 것은 무엇인가요? 그것은 시간 속에서 태어나 시간 위를 살아가다가 시간 밖으로 날아가버리는 것이라고 말할 수 있지 않겠습니까? 이른바 시간의 존재론이라 부를 수 있다는 뜻입니다.

어제 죽어간 생명들이 가장 갖고 싶은 것은 과연 무엇이었겠습니까? 돈인가, 명예인가, 권력이겠는가요? 아마도 아닐 것입니다. 그것은 바로 생명연장의 꿈, 즉 '내일'이라는 시간 그것이 아니겠는가 생각합니다. 그만큼 인간은 시간이라는 열차를 타고 달려가는 시간의 나그네라는 뜻이 되겠습니다.

그 과정에서 우리는 만나게 됩니다. "어머니는 어제라는 집에/아내는 오늘이라는 집에/딸은 내일이라는 집에서"와 같이 어머니, 아내, 딸이 나와 함께 살아가고 있는 것이지요. 그러고 보면 삶이란 바로 우리들이 시간 위에서 만나고, 시간 속에서 더불어 살다가, 시간 밖으로 사라져가는 영원한 시간의 나그네인 것이 분명하다고 하겠습니다.

닭이 울 때

그날 밤
닭이 세 번 울었습니다
세 번이나 몸을 감추었던 내가
누구인지 알게 되었습니다
신새벽은 언제나 닭이 울고 난 후에
몸을 드러냅니다

어머니는 오늘도 작은 공터에서
닭을 칩니다
사료와 물을 주고 닭장을 손질합니다
닭똥 냄새가 정말 지독합니다
어머니는 이 많은 닭들이
언젠가 일제히 울 것을 두려워합니다

아니에요 아니에요 아니에요
그날 밤
첫애를 가진 아내는

횃대 위에 올라가 몸을 틀고
물을 데우던 어머니와 나는
서둘러 닭이 울기를 기다렸습니다

생명 탄생과 모성의 힘

 이육사의 시 「광야」에서 '어디 닭 우는 소리 들렸으랴' 라는 구절이 문제가 되곤 합니다. 실제로 닭이 울었느냐, 그렇지 않느냐 하는 논란이 제기되기 때문이지요. 문맥상으로는 닭이 어찌 울었겠느냐, 즉 울지 않았다는 뜻이 되겠지만요. 중요한 것은 그러한 의미 자체가 아니라 '닭 울음' 이라는 청각 이미저리일 것입니다. 무언가의 시작 또는 탄생으로서 경건한 태초의 이미지가 포괄적으로 암시돼 있다는 말이 되겠지요.

 이 시에서 아내는 어머니와 아기를 연결하는 매개고리 역할을 수행합니다. 모성으로서 여성은 생명을 잉태하고 출산하는 창조자의 모습을 지니기에 하느님 다음 가는 위대한 존재일 수 있는 것이지요. 그러기에 닭의 울음으로서 태초의 상징, 생명의 시원으로서 여성 또는 모성과 닭의 울음소리가 연결되는 것은 자연스런 일이 아닐 수 없겠습니다.

소녀경처럼

아내도 오십을 바라본다
이제 아내 몸 구석구석 더듬기에도
소녀경처럼
페이지가 잘 넘어가지 않는다
어떤 때는 파본(破本)처럼 어머니가 나온다
나이 마흔에 과부가 되셨던 어머니가
아내 옆에 파본처럼 따라 눕는다
아내가 나를 길들이는 동안
어머니는 동정녀처럼 얼굴을 붉히고,
오르가슴 없이 내가 태어났던 자국을
아내는 숨긴다
그때마다 나는 배꼽에서 태어났다는
유년시절 어머니의 말씀을
침 바르며 넘긴 제5장 임어편
갈피에 몰래 꽂아두었다

시해설

아내와 어머니, 그 근원적 동일성

세상의 딸들은 자라서 처녀가 되고, 처녀는 결혼하여 여인이 됩니다. 그리고 여인은 아기를 잉태하고 낳음으로써 어머니가 되고, 다시 자식으로서 내일의 어머니, 즉 딸을 낳기도 하는 것이 대자연의 섭리이고 이치입니다. 어제의 딸이 오늘의 아내가 되고, 다시 내일에는 어머니가 되는 것이지요.

세상의 남아들은 어머니에게서 태어나서, 자라면 아내를 얻어 더불어 살고, 다시 아내에게서 딸을 낳아 기르다가 시집 보내 엄마를 만듭니다. 이 점에서 어머니와 아내, 그리고 딸은 여성으로서 공통의 운명성, 즉 운명의 근원적 동일성을 지니기 마련입니다.

모든 남자들에게 여성은 매일 드나드는 삶의 집이며 편히 쉴 수 있는 가정이기도 하고, 언젠가는 다시 영원히 돌아가야할 대지의 고향으로서 모성의 상징성을 지닌다는 뜻입니다.

길

고희를 넘기시고
자주 노환을 앓는
어머니 곁에 누운 밤
천정 벽지의 무늬결 따라
우리는 말없이 걸었습니다
나는 어머니 손을 잡고
어머니는 길 끝을 잡고
나란히 걸었습니다.
너무 걸어 어머니가 눈붙이면
창 밖에서 수염도 깎지 않은
희뿌연 새벽 하나가
종철아, 하고 불러내었습니다.
누고?
어머니가 먼저 눈뜨시며
잠자는 나를 흔들어 깨웠습니다

밖에서는 또 쓸데없이
개가 짖기 시작하였습니다

어미는 자식에게 길이요, 등불이니

우리는 태어나면서부터 운명적으로 어미 뒤를 따르기 마련입니다. 어미는 자식에게 밥과 옷을 주고 보금자리를 마련해줄 뿐 아니라 몸과 마음으로 온갖 보살핌을 베풀고 교육을 시키면서 영원한 보호자이자 채무자로서 살아갈 수밖에 없는 까닭이지요.

이점에서 엄마는 자식에게 있어 길이 될 수밖에 없고 삶의 길을 일러주는 최초의, 최고의 안내자이자 스승이고 하느님이 될 수밖에 없습니다. 어미는 자식에게 길을 일러주며, 내주고, 갈 길을 밝혀주는 삶의 등불이고 나침반으로서 의미를 지닌다는 뜻입니다.

옥수수밭 너머

어릴 때 나는
밤에 변소 가는 것이 제일 싫었습니다.
어쩌다 설사를 만나는 밤에는
큰일이었습니다
우리집 변소는 옥수수 밭 너머 있었습니다
어머니는 잠결에 마당 한구석에서
볼일을 보게 해주셨는데
그때마다 나는
헛기침을 크게 세 번 하는 것을 잊지 않았습니다
어쩌다 보채어 어머니가 따라 나와 준 날에는
어머니가 헛기침을 세 번 해주고
아직 멀었느냐, 자주 물었고
나는 부지런히 힘을 주지만
옥수수 밭 사이로 우수수 바람이 빠져나와
불알이 시렸습니다
그날 밤에도
서 있는 어머니가 심심할까봐

이것저것 얘깃거리를 궁리하는 동안
어머니가 또 밑을 닦아주었습니다.

에미 · 애비는 자식에게 영원한 채무자

엄마라는 이름은 자식에게 있어 세상에서 가장 다정하고 친근하여 무엇이라도 용서받을 수 있는 최초의 보금자리이고 마지막 보루로서 상징성을 지닙니다.

생명을 유지하기 위해 치뤄야 하는 모든 대가, 즉 인간조건을 하나하나 보살피고 해결해주고, 해결해주어야만 하는 오랜 보호자이고 안내자이자 해결사일 수밖에 없기 때문입니다.

엄마는 자식을 먹여주고 뒤를 닦아주고, 몸을 씻어줄 뿐 아니라 옷을 지어 입히고 빨아주는 등 모든 면에서 헌신적인 존재라고 하겠지요. 그러고는 교육시키고 성장시켜서 마침내 여우살이까지 해야 하고, 시집 · 장가 보낸 뒤에도 손자 · 손녀들을 끝까지 돌보아주어야만 하는 평생 채무자 역할을 해야만 한다는 뜻입니다.

죽음의 둔주곡 三曲

- 베트남 참전하던 날

그날
젊은이들은 모두 떠났다
조국으로부터 어머니로부터 운명으로부터
모두 떠났다
젊은이들의 믿음과 낯선 죽음과
부산 삼부두를 실은 엎셔호의 전함(戰艦)
수천의 빗방울이 바다를 가라앉히고
어머니는 나를 찾아 헤매었다
갑판에 몰린 전우들 속의 막내를 찾아 하나씩하나씩
다시 또다시 셈하며 울고 있었다
어머니가 늙어 뵈신 것은 이때가 처음이었다

    바람이 분다
    내 어린 밤마다 등불의 심지를 돋우고
    심청전에 귀기울이며 몇번이나
    혀끝을 안타까이 차며 눈물짓던 젊은 어머니
    어머니의 무릎을 베고 누운 어린 나도

내 살갗에 와 닿는 세상의 슬픔을
영문도 모르고 따라 울었다
바느질을 아름답게 잘 하시던 어머니는
그 밤따라 유난히도 헛짚어
몇번이나 손가락을 찔렀다
심청은 울며울며 떠났고
나는 마른 도랑의 돌다리에서 띄운 작은 종이배에
내가 사는 마을 이름을 하나씩 적어 두었다
그날 몰래몰래 담장을 넘어간 어머니의 울음은
다시 낯선 해일이 되어
어머니의 편한 잠과 내 종이배를 모두 실어가 버렸다

잠시후면 오오 잠시후면 떠남뿐이다
수많은 기도와 부름이
비와 어머니와 나를 삼켰다
내가 간직하고 온 부두에서는 오래도록
만남의 손이 흔들렸고

나는 먼 바다에서 비로소 눈물을 닦아내었다
눈물 끝에 매달린 어머니와 유년의 바다
배낭 안에 넣어둔 한 줌의 흙
그것들의 붉디붉은 혼이
나를 너무나 먼 곳으로 불러내었다

자식 무덤은 바로 부모의 가슴에

이 세상에서 자식을 먼저 앞세워 보낸 부모는
그 가슴에 자식 무덤을 쓴다고 하지 않던가요!

금이야 옥이야 기른 자식을 낯선 전쟁터로 떠나보낸 부모의 심정이어찌 하루 한날 편한 날 있겠습니까. 20대 초반 베트남 파병을 떠나던 김 시인은 이렇게 말했습니다. "단 한 줄의 진실을 쓰기 위해서"라고.

죽음의 둔주곡 八曲

- 그래그래 큰 것을 잊었구나

깊고 그윽한 부름이 있어 매일밤 나는 깨어 울었습니다
'나의 아들아' 나는 알고 있습니다
당신의 마른 구원의 눈썹이
정글 속의 가시보다 모질고 고독한 것을
나는 돌아왔습니다 내가 가진 여름과 재앙과
말라빠진 광야를 버리고 다시 막내가 되어 돌아왔습니다
그래 그래 이제 큰것을 잊었구나
당신의 아픈 한 마디 말씀 나를 뚫고 산을 뚫고
망우리를 뚫었습니다
나는 혀가 아리도록 김치를 씹었습니다

날마다 하나씩 늘어나는 당신의 죽음을
한 올 머리카락이 시들어가는 죽음
서투른 관절의 죽음
당신이 키운 한 마리 개의 죽음
캄란베이 어둔 병동에 냉동되어 있는
몇 구의 죽음도 당신의 것입니다

그날 한 방울의 물도 말라버렸고
땡볕의 정글이 모든 것을 거두어갈 때
아오스딩도 칼릴 지브란도 반야바라밀다 심경의 일절도
알몸으로 죽어갈 때
나는 최후의 말을 외쳤습니다 최후의 목마름을
어머니 나는 사랑의 빚 이외에는
아무 빚도 지질 않았습니다

갚을 길 없는 어머니 사랑의 빚

석가의 마지막 말씀은 "모든 것은 변한다. 모든 생명은 죽는다. 살아서 자비를 베풀어라"였다고 하지요.

그렇습니다. 모든 인간은 '죽는다'라는 명제에서 자유로울 수가 없습니다. 머나먼 월남 땅 전쟁터에 나간 아들을 생각하는 어머니의 마음에는 언제나 죽음의 낮고 음울한 둔주곡이 울리고 있었을 것입니다.

그러기에 자식에게 어머니는 세상에서 가장 큰 빚, 평생 갚아도 갚을 수 없는 빚을 진 분이 아닐 수 없습니다. "알몸으로 죽어갈 때/나는 최후의 말을 외쳤습니다 최후의 목마름을/어머니 나는 사랑의 빚 이외에는/아무 빚도 지지 않았습니다"라는 이 시의 결구 속에는 한평생 잊을 수 없는 어머님 은혜, 갚을 길 없는 사랑의 빚에 대한 안타까운 절규가 담겨 있는 것입니다.

내 잠의 눈썹에

어느 날 밤 눈을 뜨니까 죽음의 마을에 와 있었다
나는 비로소 몇 년간 어머니와 책과 집을 떠나와 있음을 알았다
낯선 땅의 적(敵)과 붉은 안개와 더불어 다녔던
나의 벗은 몸은 모래와 물뿐이었다
나는 내가 지켜야 하고 건너야 할
모래와 물이 너무나 많음을 알았다
날마다 내 몸 밖에서 눈물과 땀과 피를 하나씩 날라 온
가복(家僕)들이 나를 너무 멀리 갈라놓았다
내 속에 멀어지고 성겨져 있는 모래와 물을
한참이나 뛰어 건너도 나는 한 방울의 물과
한 알의 모래도 벗어나지 못했다
한 알의 모래를 건너려니
이승의 수천 리 밖까지 당도해 있고
울며 되돌아와 있으니
내 잠의 눈썹 밑에 성큼 내려앉는 오, 어머니!

세상의 바람막이 또는 고통바다의 나룻배

세상은 모래바람 부는 사막이라 했던가요. 아니면 고통으로 출렁이는 바다라고 했던가요. 그렇게 세상에는 건너야 할 모래사막과 바다가 너무나 많습니다.

어머니는 바로 그러한 세상의 모래바람을 막아주는 바람막이이고, 고통의 바다를 건너게 해주는 나룻배입니다. 어머니라는 바람막이가 있어 우리는 편안히 삶을 누릴 수 있고, 어머니의 나룻배가 있어 무명의 바다, 고통의 강물을 무사히 건널 수 있는 것입니다.

해뜨는 곳에서 해지는 곳까지

내 고향 한 늙은 미루나무를 만나거든
나도 사랑을 보았으므로
하루하루 몸이 벗겨져 나가 그대처럼
삶을 얻지 못하는 병을 앓고 있다고 일러주오

내 고향 잠들지 못하는 철새를 만나거든
나도 날마다 해뜨는 곳에서
해지는 곳으로 집을 옮겨 지으며
눈물 감추는 법을 알게 되었다고 일러주오

내 고향 저녁 바다 안고 돌아오는 뱃사람을 만나거든
내가 낳은 자식에게도 바다로 가는 길과
썰물로 드러난 갯벌의 비애를 가르치리라고 일러주오

내 고향 홀로 집지키는 어머니를 만나거든
밤마다 꿈속 수백 리 걸어 당신의 잦은 기침과
헛손질로 자주자주 손가락을 찔리우는 한 올의 바느질을 밟고
울며울며 되돌아 온다고 일러주오

내 고향 유년의 하느님을 만나거든
기도하는 법마저 잊어버리고
철근으로 이어진 도시의 언어와 한 잔의 쓴 술로
세상을 용케 참아온 이 젊음을
용서하여 주어라고 일러주오

내 고향 떠도는 낯선 죽음을 만나거든
나를 닮은 한 낯선 죽음을 만나거든
나의 땅에 죽은 것까지 다 내어놓고
물없이 만나는 떠돌이 바다의 일박(一泊)까지 다 내어놓고
이별이별이별의 힘까지 다 내어놓고
자주 길을 잃는 이 젊은 유랑의 슬픔을
잊지 말아달라고 일러주오.

님 또는 실존의 아픔과 슬픔

세상 살면서 우리가 아끼고, 그리워하고, 불쌍해하고, 길러가며, 정들이는 것들, 신세진 것들, 사랑하는 모든 것들을 우리는 다 '님'이라 부를 수 있겠지요.

이 시에서도 그렇지요. "고향의 늙은 미루나무/철새/뱃사람/어머니/하느님"이 모두가 다 나를 있게 한, 나를 살아가게 하는 님인 것이지요. 그런가 하면 만나게 되는 고통과 슬픔, 좌절과 시련, 그리고 죽음까지도 나를 깨치게 하고 철들게 하며, 힘을 주거나 희망을 불러일으킬 수 있는 님이 될 수 있는 까닭입니다.

그러고 보면 이 시는 "떠돌이 바다의 일박까지 다 내어놓고/이별이별 이별의 힘까지 다 내어 놓고/자주 길을 잃는 이 젊은 유랑의 슬픔"과 같이 정처없는 삶, 고독과 비애로 출렁이는 삶의 덧없음을 노래하는 시라고 하겠지요. 삶에 관한 존재론적 성찰을 통해 실존의 어려움과 외로움을 이겨내려는 안간힘을 보여준다는 뜻입니다.

금요일 아침

금요일 아침, 8년 만의 서울 거리에서
철들고 처음 울었다.
사랑도 어둡고 믿음도 어둡고 활자도 어두운 금요일 아침
이 도시에서 분명해지는 것은 공복과 아픔뿐이다.
철근으로 이어진 도시의 신경 너머
나뭇잎 비비는 소리
냇물의 물고기 튀어오르는 소리까지 모여드는
유랑의 눈물을 나는 다시 불러 모아
이 젊음을 가지고도 잘도 참아내었구나.
어머니가 길러온 들판 하나를 말려 버렸고
말하지 못하는 나의 말과 꿈꾸지 못하는 나의 꿈과
취하지 않는 나의 술과 나의 배반은 너무 자라서
어머니의 품에 다시 안기지 못한다.
열세 켤레째의 구두 뒤축을 갈아끼우는 금요일 아침
철들어 나는 처음 울었다.

어머니, 대자연 또는 구원의 상징

오늘날 도시적 삶의 모습은 과연 어떠한가요? 한마디로 말해 도시 사막 또는 광물적 상상력이 지배하는 기계화 사회라고 할 수 있겠습니다. 오늘의 도시풍경은 "이 도시에서 분명해지는 것은 공복과 아픔뿐이다/철근으로 이어진 도시의 신경"과 같이 온통 철근, 콘크리트, 유리, 비닐, 플라스틱, 오일 등과 같이 광물적인 심상들이 지배하고 있기 때문입니다.

그러기에 우리는 "나뭇잎 비비는 소리/냇물의 고기 튀어오르는 소리/어머니가 길러온 들판"을 보고 싶고, 듣고 싶은 것이지요. 광물적인 상상력, 기계문명과 상업주의가 횡행하는 시대이기에 어머니가 뜻하는 대지성, 모성성, 자연성, 식물성의 부드럽고 따뜻한 인정세계, 체온이 통하는 인간시대를 살고 싶은 것입니다.

어머니는 그만큼 마음의 고향이고 구원의 상징으로서 의미를 지닌다는 뜻이 되겠습니다.

어머니가 없다

저녁마다 마을 가까이 오던 붉은 강 하나가
물 없이 만나고 돌아선다
허수아비와 건초더미와 몇 개의 문장만이
고삐를 들고 이 도시의 저녁을 데리러 온다
슬픔과 불모와 모욕의 불빛을 모아
밤마다 새로이 갖는 도시의 육체
내 젊음과 눈물을 붙든 병든 땅

그날 밤
산그늘의 커다란 손바닥이
풀잎 한 장을 접는 까닭을
이 마을의 젊은이는 모른다
집 떠난 아들은
어머니의 저문 아궁이에서 탁탁 튀겨 오르는
참나무 불꽃 소리를 모른다
허깨비에 세 번 큰기침을 하는
어머니의 속마음을 모른다
모욕의 도시에서는 누구도 어머니를 갖지 못한다

어머니는 이 시대 희망의 등불

　오늘의 현실, 사회상을 사막과 같은 불모의 땅 또는 병든 도시로 비유하는 시인들이 적지 않은데요. 그 속에서 우리의 삶을 낙타로 형상하는 겁니다. 그만큼 오늘의 삶은 인간성을 잃고 인정을 부정당한 채 비정하게 살아간다는 뜻이 되겠지요.

　그렇습니다. 오늘 우리의 삶은 사막도시, 광물도시를 살아가는 낙타 또는 로봇의 모습인지도 모르겠습니다. 어머니로서의 대자연이 표상하는 그리움과 설렘, 따뜻함과 여유로움을 잃고 기계인간으로서 비정하게 살아가는 모습이라 하겠습니다. 김광섭의 시 「성북동 비둘기」에서처럼 말입니다.

간밤 꿈속에서

간밤 꿈속에 어머니와 몇 그루 나무를 보았지요
내가 어머니를 뵈오러 간것인지
어머니와 몇 그루 나무가 수천 리 걸어
내 꿈속에 드는 것인지 알 수 없어요
생시 떠나와 있으면 어머니와 나는 늘 하나가 되었고
해후를 하면 우리는 다시 각각이 되었지요
어머니와 나는 분명히 꿈속에 속하지 않으면서
또한 꿈속의 만남을 여의지 않았어요
있음과 없음이 서로 넘나들동안
잠도둑이 사는 곳은 무섭게 헐벗어버렸어요
꿈꾸는 자를 나라고 한다면
깨어서 어머니를 맞이하는 자는 누구일까요
나의 사랑은 나누면 하나이고 합하면 둘로 되어요

어머니, 어머니, 꿈길로 오시는 어머님

우리가 젊은 시절, 우리는 그리운 연인, 쉬 만나기 어려운 연인을 꿈속에서, 꿈길을 걸어 노중에서 만나곤 했지요.

그러한 것처럼 저녁 노을이 얼핏슬핏 얼비치는 지금, 꿈으로 오는 사람은 바로 돌아가신 어머니가 아닌가 합니다. 다시는 지상에서 만날 길 없는 어머님이 꿈속에 찾아오셔서 우리는 꿈길에서 만나곤 하는 것이지요.

그 옛날 시장길에서 돌아오시는 엄마를 마을 어귀 들길 포구나무 아래에서 하염없이 기다리듯이 꿈길에 서서 말입니다.

열 손가락 깨물어 아프지 않은 손가락이 없다고
당신의 자식 사랑 말씀하시던 때가 엊그제 같은데
오늘은 열 손가락중 하나였던
그 잇자국이 선명한 사랑 하나 보고싶습니다.

-어머니, 가난도 축복입니다

꿈

매일 밤 수의를 입은
어머니 꿈을 꿉니다
그 때마다 나는 꿈 속에서
눈물을 한없이 흘립니다
그러나 정녕 마음이 아프고 슬픈 것은
나의 몸은 보이지 않는데
내가 울고 있는 일입니다

인생은 슬픈 단막극, 목숨은 헛된 꿈

꿈에 보이는 어머님은 언제나 슬픈 모습입니다.
한평생 가난 속에서
시부모 봉양이며, 남편 뒷바라지
그리고 자식들 진자리 마른자리 갈아 뉘시며
손발이 다 닳아버린 그런 모습으로 다가오기 때문입니다.
그렇기에 인생은 한바탕 꿈이고,
목숨은 슬픈 단막극인 것입니다.

목련지는 날

아무도 꿈 밖의 당신을 찾지 않았습니다
목련은 손바닥만한 그늘 한 장을 땅에 내려놓고
산촌 외가집 어머니 것인
찬 몸 하나와 몸을 포갭니다
오늘도 당신의 빈 가지에
초행길 날 저무랴
밤이슬에 채여 넘어지는 작은 산 한장
지난 겨울의 동상의 귀에
당신의 기도를 열어둡니다
날마다 여린 것들과 함께 커가는
당신의 나무에 또 다른 바다가
우리를 낳고 있습니다

목련꽃으로 다시 부활하는 어머님

아마도 어머니 생전 모습을 꽃으로 비유하자면
목련꽃쯤이 아니었나 생각합니다.
긴 긴 겨울, 어둠과 추위를 참고 견디다가
봄이 되면 하얗게 피어나는 목련꽃,
그러다가 얼마 지나지 않아 꽃샘바람에 후두둑
온몸으로 떨어져버리고 마는 목련꽃의 모습은
바로 어머니의 환영으로 다가오기 마련이지요.

그러면서도 다시 봄이 되면
제일 먼저 화안하게 미소 지으며 부활하는 꽃
그 밝고 너그러운 미소가 꼭 어머니의 모습을 닮아 있기 때문입니다.
그렇습니다. 어머니는 가셨지만 어머님의 모습은
우리 가슴속에 영원히 지지 않는 봄날 목련꽃으로
화안하게 피어나고 있기 때문입니다.

죽은 산에 관한 산문
— 이 땅의 어머니들에게

　어머니, 나는 큰 산을 마주하면 옛날 당신을 안고 쓰러진 죽은 산과 마주하고 싶어요. 그날 어린 잠의 살점까지 빼앗아 달아난 이 땅의 슬픔을 어머니는 어디까지 쫓아갔나 알고 있어요. 굵은 비가 뒤뜰 대나무 숲을 후둑후둑 덮어 버릴 때, 나는 가슴이 뛰어 어머니 품에 매달렸어요.
　대나무의 작은 속잎까지 우수수 어머니 앞섶에서 떨리는 것을 보았어요. 잇달아 따발총소리가 숭숭 큰 산을 뚫고 어머니의 공동(空洞)에 와 박혔어요. 해가 지면 마을 사람은 발자국을 지우고 땅에서 울부짖는 사신(死神)의 꿈틀거리는 소리에 선잠을 이루었지요.
　어머니, 아무도 이 마을의 피를 덮지 못하는 까닭을 말해 주어요. 유년의 책갈피에 끼워둔 몇 닢의 댓잎사귀에 아직 그날의 빗방울이 후둑후둑 맺혀 있어요.

　유난히도 쩌릉쩌릉 산이 울던 그 해에는 비가 잦았다.
　죽창을 든 한 떼의 사내들이 어머니를 앞세우고 가던 밤이다.

어머니 등에 업힌 채 나도 빨리빨리 걸었다.
발가벗겨진 시커먼 산들도 내 등에 업혀 따라왔다.
괭이도 낫도 한번 닿지 않은 황량한 땅에
사내들은 두려운 기도와 몇 구의 죽음을 묻었다.
큰아들과 지아비를 잃은 당신의 몇 마지기
빈 들은 멀리서 기울어져가고
나와 몇 번 마주친 불모의 들판은
그 후 당신의 지병(持病)보다 오래 당신의 것이 되었다.

 어머니 말해 보셔요. 당신은 큰산의 목소리를 찾아 헤매었어요. 그 목소리는 많은 산을 데불고 나를 끌어 주었어요.
 그러나 아무데도 데려다 주지는 안했어요. 당신의 슬픔보다 처참하게 드러난 대나무 숲의 밑둥, 나는 이제 어머니의 큰 목소리 하나뿐이어요. 어머니, 당신은 무엇으로 이 땅의 비극을 마지막 말로 삼게 하였나요. 아무도 이 땅을 빈손으로 돌려 보내지는 않았어요. 그 누구도 이 마을의 피를 덮지 못하는 까닭을 말해 주어요.

어머니 나라, 해뜨는 곳에서 해지는 곳으로

어머니는 큰 산이 아니었나 싶습니다. 온갖 슬픔, 기쁨, 고통, 절망, 외로움, 괴로움, 기다림을 품에 끌어안고 한세상 모든 것을 용서하고 인내하며 살다가 떠나가셨기 때문입니다.

그래서 어머니는 사랑인 것입니다. 사랑의 어원을 서양에선 amor, 즉 '죽음에 대한 저항'이라고 한다지요. 살려는 몸부림, 가족들의 삶을 위해 모든 것을 다 희생하면서 살다가 살만해지니까 훌쩍 떠나가신 분이기 때문입니다. 모든 것 다 내어주고 맨몸으로 떠나신 것, 그것이 어머니의 바다 같은 사랑 아니면 그 무엇이겠습니까?

　어머니는 한 가정에선 가정의 산 역사이고, 이 땅의 슬픈 역사를 행주치마에 감싸 안으면서 수난과 역경을 헤쳐온 증인이 아닌가 합니다.
　고통의 역사를 짊지고 이끌어온 것은 이 땅의 아버지들이라 하겠지만, 그것을 뒤에서 밀고 떠받쳐온 것은 바로 어머니인 까닭입니다.

　바로 그러기에 어머니는 한 생명에게는 생명의 원천이지만 한 가정에 있어서는 삶의 밑받침이자 희망의 등불인 것이지요.

작품 해 설

세상의 모든 "엄마"를 생각하며
— 『어머니, 우리 어머니』에 부쳐

장 경 렬
(서울대 영문과교수 · 문학평론가)

1

내 나이 다섯 살 때의 일이다. 집안 사정으로 인해 당시 나는 외가댁에 맡겨져 있었다. 외가댁에 나를 맡긴 어머니는 가끔 나를 보러 오시곤 했다. 하지만 어머니가 와서 나를 찾으면 나는 슬금슬금 피하기 일쑤였다. 몇 년을 떨어져 지낸 터라 서먹서먹하기도 하고 또 멋쩍기도 하여, 나는 어머니가 온다는 말만 들으면 멀찌감치 밖으로 나가 겉돌곤 했던 것이다. 그런 나를 보고 어느 날 어머니의 손아래 동생인 이모가 이렇게 나를 달랬다. "왜 엄마를 피하는 거지? 그러는 너 때문에 엄마 마음이 얼마나 아프겠니? 다음에 엄마가 오면 엄마한테 달려가 한번 안겨 봐. 알았지?" 얼마 후 어머니가 또 다녀가시게 되었다. 망설이고 망설인 끝에 나는 용기를 내어 "엄마"를 부르며 달려가 어머니의 품에 안겼다. 나를 안으시던 어머니의 얼굴에서 피어오르던 환한 웃음이, 나를 쓰다듬던 어머니의 손이 전하던 부드럽고 따스한 감촉이, 심지어 어머니의 옷에서 느껴지던 푸근함까지 아직 나의 기억에 생생하다. 엄마라고 부를 때마다, 아니, 엄마라는 단어를 떠올리기만 해도 나의 마음은 여전히 그 어릴 적 어머니에게 안기면서 느꼈던 푸근함과 부드러움, 따뜻함과 편안함으로 채워지곤 한다. 그때 그 일 때문인지는 몰라도, 이제 나는 쉰 중반의 나이가 되었고 나의 어머니는 일흔 중반의 나이가 되었지만, 나는 아직 어머니라고 부르지 않고 그 옛날처럼 엄마라고 부른다. 그런 나의 마음을 읽기라도 한 듯 김종철 시인은 이렇게 노래한다.

> 나는 어머니를 엄마라고 부른다
> 사십이 넘도록 엄마라고 불러
> 아내에게 핀잔을 들었지만
> 어머니는 싫지 않으신 듯 빙그레 웃으셨다
> 오늘은 어머니 영정을 들여다보며
> 엄마 엄마 엄마, 엄마 하고 불러 보았다
> 그래그래, 엄마 하면 밥 주고
> 엄마 하면 업어 주고 씻겨 주고
> 아아 엄마 하면
> 그 부름이 세상에서 가장 짧고
> 아름다운 기도인 것을!
>
> ─ 김종철, 「엄마 엄마 엄마」 전문

세상의 어머니 가운데 "엄마"라는 부름을 싫어하실 이가 어디 있으랴. 아니, 그보다도 "엄마"란 "그 부름이 세상에서 가장 짧고 / 아름다운 기도"라는 깨달음이 어찌 김종철 시인만의 것이겠는가. 아직 어머니와 함께 이 세상을 살아가는 나 같은 행운아나 김종철 시인과 같이 어머니를 저 세상에 보내고 애끓어 하는 모든 이들이 공유하고 있는 것이 있다면, 이는 바로 "엄마"란 "그 부름이 세상에서 가장 짧고 / 아름다운 기도"라는 깨달음이리라.

   문제는 이 시를 읽다 보면 그런 깨달음이 "엄마 하면 밥 주고 / 엄마 하면 업어 주고 씻겨 주"는 데에서 비롯된 것으로 읽힌다는 데 있다. 깨달음의 계기가 그러하다면, 이는 지나치게 유아적인 것이 아닐까. 행여 그렇게 생각하는 사람이 있다면, 그는 이 시가 뛰어넘고자 한 어른의 마음을 뛰어넘지 못하는 사람일 것이다. 사실 이 시의 묘미는 자신의 나이를 뛰어넘어 홀연 유아로 변신하는 시인을 짚어볼 수 있다는 데 있다. "엄마"를 부르는 순간 시인은 이미 "사십"을 넘긴 어른이 아니다. 그는 다만 "엄마" 앞의 한 어린아이일 뿐이다. 그 어린아이가 마음의 눈으로 본 어머니는 바로 "엄마 하면 밥 주고 / 엄마 하면 업어 주고 씻겨 주"는 그런 "엄마"인 것이다. 어른이 어린아이의 마음을 갖는다는 것은 말처럼 쉬운 일이 아니다. 어린아이로 되돌아가고자 할 때 일방적으로 간섭하고 방해하는 어른을 뛰어넘기란 쉽지 않기 때문이다. 바로 이 같은 간섭과 방해를 뛰어넘어 어린아이의 눈으로 세상을 바라보는 시인의 눈길을 "엄마 하면 밥 주고 / 엄마 하면 업어 주고 씻겨 주고"라는 구절에서 확인할 수 있지 않은가. 그렇다면 그것이 어떻게 가능했던 것일까. 동어 반복 같이 들릴지 모르나, 이를 가능케 한 것은 바로 "엄마"라는 그 신비로운 "부름"이다. 그런 의미에서 "엄마"는 하나님의 '말씀'(the Logos)과 같은 것일 수 있다. "빛이 있으라 하시매 빛이 있었고"(창세기 1장 3절)라는 성경의 구절이 암시하는 기적이 우리네 인간들에게도 가능하다면, 그와 같은 기적을 가능케 하는 것은 바로 "엄마"라는 신비로운 "부름"이다. 그 부름이 우리에게 또 하나의 세계, '보기에 좋은' 따뜻하고 아늑한 세계로 불현듯 우리를 인도하기 때문이다. "엄마"가 "그 부름이 세상에서 가장 짧고 / 아름다운 기도"임은 이 때문이기도 하다. 다시 말해, 세상의 모든 아들과 딸을 푸근함과 부드러움, 따뜻함과 편안함으로 채워주기 때문만이 아니라, 아무리 나이 먹은 어른이라고 하더라도 그를 즉시 어린아이의 마음으로 되돌아갈 수 있도록 한다는 점에서도 "엄마"는 "그 부름이 세상에서 가장 짧고 / 아름다운 기도"이다.

2

김종철 시인의 「엄마 엄마 엄마」야말로 그 자체가 "짧고 / 아름다운 기도"일 수 있다. 이 "짧고 / 아름다운 기도"에서 우리는 어린아이로 되돌아간 시인의 모습을 보기도 하고 또 그런 시인의 마음을 읽기도 한다. 하지만 이 시 자체가 어린아이의 "기도"는 아니다. 이는 어디까지나 "어머니 영정을 들여다보"고 있는 어른의 "기도"이다. 이와 관련하여 우리는 시의 끝을 장식하는 "……인 것을!"이라는 말에 유의할 수 있는데, 이 말은 시인의 유아기 체험과 그 체험의 의미에 대한 깨달음 사이에 시간적 차이가 존재함을 암시하기 때문이다. 어쩌면 이 시에서 시인은 이전의 무의식적 체험이 지니는 의미를 때가 지나 새롭게 깨닫고 있는지도 모른다. 체험이 지니는 의미에 대한 이 같은 깨달음 또는 자각의 과정은 어린아이의 성장에 필수 요건일 수 있거니와, 이를 우리는 철이 드는 과정이라고 말하기도 한다. 말할 것도 없이, 어린아이는 언젠가 어른이 되지만 저절로 어른이 되는 것은 아니다. 어른이 되기 전에 거쳐야 할 과정이 있으니, 이는 바로 철이 드는 과정이다.

이 과정을 거치면서 유년기의 아이는 이러저러한 삶의 조건과 현실에 눈을 뜨고, 이를 바탕으로 하여 소년기를 거쳐 어른으로 성장한다. 삶의 조건과 현실에 눈을 뜨면서 소년기의 아이는 자연히 어머니에 대한 이해의 폭과 깊이도 넓히게 되거니와, 이 시기에 아이가 보는 어머니의 모습은 유아기의 천진난만한 눈으로 보는 어머니의 모습과는 다른 것이 될 수밖에 없다. 바로 이와 같은 다른 눈길을 보여 주는 시 가운데 특히 빼어난 것이 김종해 시인의 「어머니의 맷돌」이다.

맷돌을 돌린다
숟가락으로 흘려넣는 물녹두
우리 전가족이 무게를 얹고 힘주어 돌린다
어머니의 녹두, 형의 녹두, 누나의 녹두, 동생의 녹두
눈물처럼 흘러내리는 녹두물이
빈대떡이 되기까지
우리는 맷돌을 돌린다
충무동 시장에서 밤늦게 돌아온
어머니의 남폿불이 졸기 전까지
우리는 켜켜이 내리는 흰 녹두물을
양푼으로 받아내야 한다
우리들의 허기를 채우는 것은 오직
어머니의 맷돌일 뿐
어머니는 밤낮으로 울타리로 서서
우리들의 슬픔을 막고
북풍을 막는다
녹두껍질을 보면서 비로소 깨친다
어머니의 맷돌에서

지금도 켜켜이 흐르고 있는 것
물녹두 같은 것
아아, 그것이 사랑이었음을!

— 김종해, 「어머니의 맷돌」 전문

    이 시 한 편만으로도 우리는 김종해와 김종철 두 형제 시인이 거쳐야 했던 유년기와 소년기의 삶이 얼마나 신산한 것이었던가를 미루어 짐작할 수 있다. 이 시에서 반복되는 "맷돌을 돌린다"라는 정경 묘사는 "어머니는 앞에 서고 / 나는 뒤에서 리어카를 밀었다"(「부산에서」)라는 정경 묘사와 함께 어머니를 소재로 한 김종해 시인의 시에 여러 차례 등장하는데, 이들은 물론 삶의 어려움을 섬세하게 사실적으로 전하는 '환유적 이미지'의 기능을 한다(인간의 언어 사용과 관련하여, 일찍이 로만 야콥손은 사물의 부분으로 전체를 나타내려는 '환유적 경향'과 하나의 사물을 전혀 엉뚱한 사물로 대체하여 나타내려는 '은유적 경향'으로 나눈 바 있으며, 그는 두 경향이 각각 사실적·세부 묘사적 경향의 글과 낭만적·서정적 경향의 글에 특징적으로 나타남에 주목한 바 있다). 말하자면, "우리 전 가족이 무게를 얹고 힘주어" 돌리는 맷돌은 소년 김종해가 밀고 그의 어머니가 끌던 "리어카"와 마찬가지로 그의 가족이 이끌어가야 하는 힘겨운 삶의 풍경 안에 존재하는 하나의 요소, 그 풍경을 가장 특징적으로 드러내는 요소 가운데 하나이다. 그리하여 "리어카"와 마찬가지로 "맷돌"은 작지만 소년 김종해의 삶을 세밀하고 구체적으로 드러내는 환유적 이미지의 역할을 수행한다. 그러나 맷돌의 비유적 잠재력은 여기에서 끝나지 않는다. 맷돌은 원래 무겁기도 하고 돌리기도 쉽지 않다. 바로 이런 의미에서 맷돌은 힘주어 돌려야 겨우 돌아가는 삶 또는 견디기 어려운 무게로 압도해오는 삶 그 자체를 암시하는 것일 수도 있다. 이런 관점에서 보면, 맷돌은 이 시에서 '은유적 이미지'의 역할을 하는 것이기도 하다. 요컨대, 맷돌은 환유적 이미지와 은유적 이미지를 동시에 포용한다. 김종해 시인의 「어머니의 맷돌」에서 "맷돌"이 비유적 효과의 측면에서 특히 깊은 호소력을 갖는다면 이와 같은 이미지의 중첩성 때문일 것이다.

    당시의 정황을 짚어보자면, 소년 김종해가 형과 누나와 동생과 함께 "눈물처럼 흘러내리는 녹두물이 / 빈대떡이 되기까지" 맷돌을 돌리는 것은 "충무동 시장"에서 "밤늦게"까지 '장사'를 하는 어머니의 무거운 짐을 덜어드리기 위한 것이다. 어머니를 돕기 위해 힘겹게 맷돌을 돌리는 그들의 모습에서 우리는 고달픈 삶을 몸으로 견디어 나가는 아이들의 모습을 볼 수 있다. 또한 "충무동 시장에서 밤늦게 돌아온 / 어머니의 남폿불이 졸기 전까지 / 우리는 켜켜이 내리는 흰 녹두물을 / 양푼으로 받아내야 한다"라는 구절에서 우리는 힘겨운 일임에도 불구하고 자신들에게 주어진 몫을 해 내려는 아이들의 의지까지 읽을 수 있다. 그럼에도 불구하고, 아이들의 삶은 아직 둥지 안의 새끼 새들의 삶과 크게 다를 바가 없는 것이다. 어미 새와도 같은 존재가 필요한 것이 그들의 삶이기 때문이다. 그리하여 시인은 말한다. "우리들의 허기를 채우는 것은 오직 / 어머니의 맷돌일 뿐"이라고. 정녕코 "밤낮으로 울타리로 서서 / 우리들의 슬픔을 막고 / 북풍을 막는" 어머니가 있기에 "우리들"은 삶을 살아갈 수 있었던 것이리라. 아무튼, "어머니의 맷돌"이라니? 바로 이 지점에서 맷돌은 새로운 의미를 얻는다. 맷돌은 소년 김종해의 가족이 살아가는 삶의 풍경의 일부이고 동시에 삶 자체를 암시하는 것일 수도 있지만, 이는 또한 어머니 자신을 암시하는 것일 수도 있고 또 어머니의 삶을 암시하는 것일 수도 있다. "눈물처럼 흘러내리는 녹두물"에 뒤덮인 채 '스스로' 돌아가는 맷돌, 힘겹지만 스스로 돌기를 멈추지 않는 맷돌은 곧 어머니 자신인 동시에 그녀의 삶인 것이다. "녹두물처럼 흘러내리는 눈물"에, 아니, 녹두물처럼 흘러내리는 '땀'에 자신의 몸과 삶을 맡긴 어머니인 것이다.

이 시가 절창이라면 이는 "맷돌"과 "녹두물"이라는 이미지들이 주는 깊고 넓은 시적 울림 때문만은 아니다. 또한 한 가족의 "허기"와 "슬픔"을, 그리고 그 "허기"와 "슬픔"을 막는 울타리로서의 어머니의 삶을 절제 있게 드러내고 있기 때문만도 아니다. 이 시가 절창이라면, 그것은 "밤낮으로 울타리로 서서 / [자식]들의 슬픔을 막고 / 북풍을 막"는 어머니의 아픔과 고단함이 곧 어머니의 "사랑"임을 깨닫는 시인의 마음까지 함께 있기 때문이다. 문제는 "그것이 사랑이었음을!"이라는 말에서 확인할 수 있는 것처럼, 체험과 깨달음 사이에 시간적 간격이 존재한다는 데 있다. 어떤 의미에서 보면, 소년 김종해는 그의 형과 누나와 동생과 함께 삶이 얼마나 고달픈 것인가를 몸으로 체득하고 있었을 것이다. 그리고 그나마 그런 삶을 헤쳐나갈 수 있었던 것은 다름 아닌 어머니 때문이라는 사실까지도 깨닫고 있었을 것이다. 하지만 "어머니의 맷돌"에서, 나아가, 어머니라는 맷돌에서, "지금도 켜켜이 흐르고 있는 것 / 물녹두 같은 것"이 다름 아닌 "사랑"이었음을 당시에는 아직 깨닫지 못했었는지 모른다. 이런 의미에서 시인의 깨달음은 때늦은 것이었는지도 모른다. 깨달음이 때늦은 것임에 아쉬워하는 시인의 마음이 "아아"라는 탄식을 이끈 것이리라.

바로 이 같은 때늦은 깨달음이 세상의 모든 아들과 딸을 슬프게 한다. 그리고 그러한 깨달음이 어머니를 여읜 후에 왔다면 이로 인한 슬픔은 정녕 감당키 어려운 것이 될 수밖에 없다. 청개구리의 우화는 이 때문에 존재하는 것이고, 또한 이 때문에 김종철 시인의 「청개구리」가 갖는 시적 울림은 그만큼 크고 깊다.

어머니 유해를 먼 바다에 뿌렸다
당신 생전 물 맑고 경치 좋은 곳

산화처로 정해 주길 원했다
그런데 어찌 된 일인가
비 오고 바람 불어 파도 높은 날
이토록 잠 못 이루는 나는 누구인가
저놈은 청개구리 같다고
평소 못마땅해하셨던 어머니가
어째서 나에게만 임종 보여 주시고
마지막 눈물 거두게 하셨는지 모르지만
당신 유언대로 물명산 찾았는데
오늘같이 비만 오면 제 어미 무덤 떠내려간다고
자지러지게 우는 청개구리가
이 밤 내 베개맡에 다 모였으니 이를 어쩌나
한 번만 더, 돼지 발톱 어긋나듯
당신 뜻에 어긋났더라면
비 오고 바람 부는 날
이처럼 청개구리가 되어 울지 않아도 될 것을

— 김종철, 「청개구리」 전문

    우리 모두는 청개구리의 슬픔을 이해한다. 그리고 "물 맑고 경치 좋은 곳 / 산화처로 정해 주길 원"했던 어머니의 뜻을 좇았지만 "비 오고 바람 불어 파도 높은 날" / 이토록 잠 못 이루는" 시인의 슬픔과 아픔이 어떤 것인지도 우리 모두는 이해한다. 비록 "당신 유언대로 물명산 찾"아 "어머니 유해를 먼 바다에 뿌렸"지만 그것이 과연 어머니가 진정으로 원했던 것인지를 놓고 괴로워하는 시인의 마음을 또한 우리 모두는 이해하고 또 이해한다. 나아가, "한 번만 더, 돼지 발톱 어긋나듯 / 당신 뜻에 어긋났더라면 / 비 오고 바람 부는 날 / 이처럼 청개구리가 되어 울지 않아도 될 것"이라고 탄식하는 시인의 마음에 깃들어 있는 회한을 우리 모두는 이해한다. 이를 이해하지 못할 아들이나 딸이 이 세상 천지에 어디 있겠는가. 세상의 모든 아들과 딸은 잠재적으로 청개구리와 같은 존재이기 때문이다.

　이 슬픔, 이 아픔, 이 회한을 어찌할 것인가. 계속 "청개구리가 되어 울"기만 할 것인가. 그럴 수만은 없다. "우리 집에는 / 어머니는 어제라는 집에 / 아내는 오늘이라는 집에 / 딸은 내일이라는 집에 살면서 / 나와 쉽게 만"날 수 있고 또 이들과 "만나는 법을 알고"(「만나는 법」) 있는 한, 아픔과 슬픔과 회한에 얽매여 있을 수만은 없다. 시인에게는 "어머니"와 "아내"와 "딸"은 시간적 차이를 벗어나면 하나일 수 있거니와, 현재의 어머니인 "아내"와 미래의 어머니인 "딸"을 통해 과거의 어머니인 "어머니"와 만날 수 있기 때문이다. 나아가, "아내"와 "딸"이 있고 또 미래를 향해 계속 "딸"들이 그 뒤를 이어가는 한, 어머니는 영원한 존재로 거듭 되살아날 것이기 때문이다. 따지고 보면, 어머니란 각자에게 개별적이고도 유일한 의미를 지니는 존재이기도 하지만, 어떤 한계를 뛰어넘는 순간 사랑과 희생의 초월적 표상으로 영원히 되살아나는 존재이기도 하다. 마치 우리가 마음 속으로 섬기는 신이 그러하듯이. 이 세상 어디에나 편재(遍在)하는 보편적 존재가 신이지만, 그 신을 섬기는 사람들이 각자 그들의 마음속에 그리는 신의 모습이 다르듯이. 넓게 보아 어머니란 바로 이와 같은 존재가 아닐까. 김종철 시인이 "우리 사남매는 이제야 / 어머님 한 분씩을 각자 모실 수 있었다"(「종이배 타고」)라고 했을 때, 이는 편재하는 보편적 존재로서의 어머니―최소한 "사남매"가 공유하는 보편적 존재로서의 어머니―를 전제로 해서 한 진술일 수도 있다.

3

김종해 시인과 김종철 시인의 사모곡을 담은 시집 「어머니 우리 어머니」의 원고를 읽는 도중 나는 잠시 읽기를 멈출 수밖에 없었다. 김종해 시인의 「개동백 꽃잎으로 피다가」에 나오는 "우리 어린 날의 날개를 기워 주던 / 어머니의 외로운 바느질"이라는 구절이 나에게 어린 시절의 기억 하나를 일깨웠기 때문이었다. 그 이야기는 뒤로 미루고 우선 이 시의 일부만이라도 함께 읽기로 하자.

> 어머니가 날린 철새 두 마리가
> 기우뚱 기우뚱 남쪽으로 가고 있다
> 11월의 첫째 주일
> 우리들 마음에 단풍이 내리고
> 차창에 우수의 빗방울이 맺힌다
> 대신동 위생병원 625호실
> 날개를 접고 우리는
> 어머니의 마른 고목 위에 앉는다
> 어머니의 손등, 마른 칡껍질 위에 가서 앉는다
> 떡장수, 국수장수, 충무동시장 좌판 위에
> 우리 어린 날의 날개를 기워 주던
> 어머니의 외로운 바느질
> 젊은 어머니가 끌고 가는 수제비 리어카를 뒤에서 밀며
> 우리가 나가 보는 황량한 겨울바다
> 우리는 50년대의 카바이트 불빛으로 떨면서
> 어머니 만세, 어머니 만세를 목젖으로 삼킨다
>
> ― 김종해, 「개동백 꽃잎으로 피다가」 부분

앞서 나는 소년 김종해와 그의 형과 누이와 동생을 '새끼 새'에 비유한 적이 있다. 이와 같은 비유가 결코 자의적인 것이 아님을 보여 주는 시가 바로 이 시일 것이다. 병상에 누워 계신 어머니를 찾는 김종해와 김종철 두 형제 시인이 이 시에서는 "어머니가 날린 철새 두 마리"로 묘사되고 있지 않은가. 두 마리의 철새가 "기우뚱 기우뚱 남쪽으로" 날아가서 "날개를 접고" 앉은 곳은 "어머니의 마른 고목 위"이다. "어머니의 마른 고목"이라니? 이제 활기를 잃고 병석에 누워 있는 어머니의 "손등"은 "마른 고목"과도 같아 보이고 또 "마른 칡껍질"과도 같아 보이기 때문이리라. 여기에서 우리는 병이 깊어 날갯짓을 하지 못하는 어미 새의 모습을 떠올릴 수도 있다. 이제 "고목 나무"와도 같이 활기를 잃은 날개를 접고 누워 있는 어미 새의 모습을. 이 자리에서 나는 자유로운 상상력을 동원하여 병실에 들자마자 누워 있는 어머니에게 급히 다가가 그녀의 앙상한 손을 덥석 움켜쥐는 두 형제의 모습을 떠올려 보기도 한다. 아무튼, 어머니의 손등에 대한 시인의 비유는 "마른 고목"이나 "마른 칡껍질"에서 끝나지 않는다. 시인의 시선을 통해 어머니의 손등은 "떡장수, 국수장수, 충무동시장 좌판"과 겹쳐지기도 한다. 어떤 의미에서 보면, 시인은 어머니의 손등에서 그녀가 헤쳐왔던 고달픈 삶의 역사를 읽고 있는 것이리라. 어머니의 삶에 대한 시인의 회상은 "우리 어린 날의 날개를 기워 주던 / 어머니의 외로운 바느질"에 대한 기억으로, 또 "수제비 리어카"를 끌던 "젊은 어머니"에 대한 기억으로, 그리고 "리어카"를 "뒤에서 밀며 우리가 나가 보는 황량한 겨울바다"로 자유롭게 옮겨간다. 이윽고 시인의 시선은 다시 병석의 어머니에게 간다. 병석의 어머니를 보며 형제는 "50년대의 카바이트 불빛으로 떨면서 / 어머니 만세, 어머니 만세를 목젖으로 삼킨다." 두 아들의 슬픔과 아픔이 "목젖으로 삼킨다"라는 말을 통해 더할 수 없이 생생하게 살아나고 있다.

이제 나의 이야기로 돌아가자. "우리 어린 날의 날개를 기워 주던 / 어머니의 외로운 바느질"이라는 구절이 나에게 일깨웠던 어린 시절의 기억은 무엇인가. 초등학교에 입학할 무렵 어머니는 나에게 베레모를 만들어 주셨다. 당시 내가 들어간 초등학교에서는 베레모가 교모(校帽)였기 때문이다. 바느질 솜씨가 출중하여 그것을 생업으로 삼아 자식들을 키우기도 했던 어머니가 손수 만들어 주신 베레모는 방울까지 달린 날렵하고 멋진 것이었다. 어머니의 베레모는 지정 교복 가게에서 대량으로 만들어 공급한 베레모—그러니까 친구들이 쓰고 다니는 특징 없는 베레모—와는 비교할 수 없을 정도로 맵시와 모양이 있었다. 하지만 친구들 것과 다르다는 점을 이유로 삼아, 요즈음 표현을 빌리자면 '튄다'는 점을 이유로 삼아, 나는 어머니가 만들어 주신 베레모를 한사코 거부했다. 어머니의 정성과 사랑을 깨닫지 못했던 내 어린 시절의 못난 모습이 내 시야를 흐리고 내 마음을 흐트러뜨렸기에 나는 읽기를 멈추었던 것이다. 마음을 가다듬으려는 듯 나는 어느새 소리내어 이 구절을 다시 읽고 있었다. "우리 어린 날의 날개를 기워 주던 / 어머니의 외로운 바느질"이라고. 그러자 옆에 앉아 있던 김종철 시인이 말했다. "우리 어머니는 바느질 솜씨가 정말 대단했지."

이 시집 「어머니, 우리 어머니」가 출간되면 나는 한 권 들고 한 마리 새가 되어 "기우뚱 기우뚱" 어머니를 향해 날아갈 것이다. 그러고는 날개를 접고 달려가, 어릴 때와 달리 이제는 내가 어머니를 안을 것이다. 문을 열고 나를 맞는 어머니를 힘껏 안을 것이다. 50여 년 전에 느꼈던 푸근함과 부드러움, 따뜻함과 편안함, 그리고 무엇보다도 어머니의 환한 웃음을 새삼 다시 맛보기 위해, 여전히 "엄마"를 부르면서 말이다. 그런 다음 나는 시집을 어머니에게 보이면서 이런저런 이야깃거리를 궁리할 것이다. "밤에 변소 가는 것이 제일 싫었"던 어린아이 김종철이 "마당 한 구석에서 / 볼일을 보"는 동안 곁에 "서 있는 어머니가 심심할까봐 / 이것저것 얘깃거리를 궁리"(「옥수수밭 너머」)했던 것처럼. 잠결에 끌려나온 엄마의 심심함을 걱정하는 천진난만한 어린아이처럼, 나도 "엄마"가 심심해하지 않도록 "이것저것 얘깃거리를 궁리"할 것이다. 그렇게 해서 궁리해낸 이야기를 어머니에게 들려주며 나는 마음속으로 크게 외칠 것이다. "엄마 만세, 엄마 만세." ■

〈시인의 약력〉
김 종 해

1941년 부산에서 태어남.
1963년 《자유문학》지에 시 당선,
경향신문 신춘문예 시 당선으로 문단 데뷔.
〈현대시〉 동인, 자유실천문인협의회 창립발기위원 및
민주평통 문화예술분과 상임간사 역임.
한국시인협회 심의위원장 역임.
현대문학상(1984), 한국문학작가상(1985),
한국시협상(1995), 공초문학상(2002) 수상.
시집으로 「인간의 악기」「신의 열쇠」
「왜 아니 오시나요」「천노, 일어서다(장편서사시)」
「항해일지」「바람부는 날은 지하철을 타고」
「별똥별」「풀」이 있으며,
시선집 「무인도를 위하여」가 있음.
현재 한국시인협회 회장, 문학세계사 대표,
계간 시 전문지 《시인세계》 발행인.

〈시인의 약력〉
김 종 철

1947년 부산에서 태어남.
1968년 한국일보 신춘문예 시 당선,
1970년 서울신문 신춘문예 시 당선,
〈신춘시〉 동인, 한국시인협회 이사,
서라벌예대 · 중앙대 문예창작학과 총동문회 회장,
중앙대 겸임교수 역임.
제6회 윤동주 문학상 본상(1990),
제4회 남명南冥 문학상 본상(1992),
제3회 편운片雲 문학상 본상(1993),
제13회 정지용 문학상(2001) 수상.
시집으로 『서울의 유서遺書』 『오이도烏耳島』 『오늘이 그날이다』
『못에 관한 명상』 『등신불等身佛 시편』
영문시집 *The Floating Island* (EDITION PEPERKORN 刊)가 있음.
현재 「(株)문학수첩」 공동대표, 「북@북스」 대표,
계간 《문학수첩》 발행인, 경희대 일반대학원 겸임교수.

어머니,
우리 어머니

초판 인쇄 2005년 4월 15일
초판 발행 2005년 5월 8일

지은이 | 김종해 · 김종철
발행인 | 강봉자
펴낸곳 | (주)문학수첩

주소 | 경기도 파주시 교하읍 문발리 525-3
전화 | 031-955-4445 팩스 / 031-955-4455
등록 | 1991년 11월 27일 제16-482호

http://www.moonhak.co.kr
e-mail: moonhak@moonhak.co.kr

ISBN 89-8392-178-1 03810

ⓒ 김종해 · 김종철 2005, Printed in Korea.

저자와의 협의하에 인지를 생략합니다.
파본은 바꾸어 드립니다.